Heiko Gewald

Konzeption und Implementierung eines DV-gestützten Risikomanagementsystems

Bibliografische Information der Deutschen Nationalbibliothek:

Bibliografische Information der Deutschen Nationalbibliothek: Die Deutsche Bibliothek verzeichnet diese Publikation in der Deutschen Nationalbibliografie; detaillierte bibliografische Daten sind im Internet über http://dnb.d-nb.de/ abrufbar.

Copyright © 1997 Diplomica Verlag GmbH
Druck und Bindung: Books on Demand GmbH, Norderstedt Germany
ISBN: 9783838613437

http://www.diplom.de/e-book/217245/konzeption-und-implementierung-eines-dv-gestuetzten-risikomanagementsystems

Heiko Gewald

Konzeption und Implementierung eines DV-gestützten Risikomanagementsystems

Diplom.de

Heiko Gewald

Konzeption und Implementierung eines DV-gestützten Risikomanagementsystems

Diplomarbeit
an der Otto-Friedrich-Universität Bamberg
Januar 1997 Abgabe

Diplomarbeiten Agentur
Dipl. Kfm. Dipl. Hdl. Björn Bedey
Dipl. Wi.-Ing. Martin Haschke
und Guido Meyer GbR

Hermannstal 119 k
22119 Hamburg

agentur@diplom.de
www.diplom.de

ID 1343
Gewald, Heiko: Konzeption und Implementierung eines DV-gestützten
Risikomanagementsystems / Heiko Gewald - Hamburg: Diplomarbeiten Agentur, 1999
Zugl.: Bamberg, Universität, Diplom, 1997

Dipl. Kfm. Dipl. Hdl. Björn Bedey, Dipl. Wi.-Ing. Martin Haschke & Guido Meyer GbR
Diplomarbeiten Agentur, http://www.diplom.de, Hamburg
Printed in Germany

Diplomarbeiten Agentur

Wissensquellen gewinnbringend nutzen

Qualität, Praxisrelevanz und Aktualität zeichnen unsere Studien aus. Wir bieten Ihnen im Auftrag unserer Autorinnen und Autoren Wirtschaftsstudien und wissenschaftliche Abschlussarbeiten – Dissertationen, Diplomarbeiten, Magisterarbeiten, Staatsexamensarbeiten und Studienarbeiten zum Kauf. Sie wurden an deutschen Universitäten, Fachhochschulen, Akademien oder vergleichbaren Institutionen der Europäischen Union geschrieben. Der Notendurchschnitt liegt bei 1,5.

Wettbewerbsvorteile verschaffen – Vergleichen Sie den Preis unserer Studien mit den Honoraren externer Berater. Um dieses Wissen selbst zusammenzutragen, müssten Sie viel Zeit und Geld aufbringen.

http://www.diplom.de bietet Ihnen unser vollständiges Lieferprogramm mit mehreren tausend Studien im Internet. Neben dem Online-Katalog und der Online-Suchmaschine für Ihre Recherche steht Ihnen auch eine Online-Bestellfunktion zur Verfügung. Inhaltliche Zusammenfassungen und Inhaltsverzeichnisse zu jeder Studie sind im Internet einsehbar.

Individueller Service – Gerne senden wir Ihnen auch unseren Papierkatalog zu. Bitte fordern Sie Ihr individuelles Exemplar bei uns an. Für Fragen, Anregungen und individuelle Anfragen stehen wir Ihnen gerne zur Verfügung. Wir freuen uns auf eine gute Zusammenarbeit

Ihr Team der *Diplomarbeiten* Agentur

Dipl. Kfm. Dipl. Hdl. Björn Bedey –
Dipl. Wi.-Ing. Martin Haschke ——
und Guido Meyer GbR ————

Hermannstal 119 k ————
22119 Hamburg ————

Fon: 040 / 655 99 20 ————
Fax: 040 / 655 99 222 ——— .

agentur@diplom.de ————
www.diplom.de ————

INHALTSVERZEICHNIS

ABBILDUNGSVERZEICHNIS

TABELLENVERZEICHNIS

ABKÜRZUNGSVERZEICHNIS

a.a.O.	am angegebenen Ort
BAKred	Bundesaufsichtsamt für das Kreditwesen
BIZ	Bank für internationalen Zahlungsausgleich
bspw.	beispielsweise
bzgl.	bezüglich
bzw.	beziehungsweise
c.p.	ceteris paribus
C/S	Client/Server
CZ	Computer Zeitung
DEM/DM	Deutsche Mark
DV	Datenverarbeitung
Ed.	Editor
EDV	Elektronische Datenverarbeitung
et al.	et alii
etc.	et cetera
EUS	Entscheidungsunterstützungssystem
evtl.	eventuell
f.	folgende
ff.	fortfolgende
FRA	Forward Rate Agreement
G30	Group of Thirty
ggf.	gegebenenfalls
Hrsg.	Herausgeber
i.d.R.	in der Regel
i.d.S.	in diesem Sinne
i.e.S.	im engeren Sinne
IOSCO	International Organisation of Securities Commissions
KNN	Künstliche Neuronale Netze
KWG	Gesetz über das Kreditwesen (Kreditwesengesetz)
LAN	Local Area Network
LIFFE	London International Financial Futures and Options Exchange
m.E.	meines Erachtens
MAN	Metropolitan Area Network
MIS	Managementinformationssystem

Mrd.	Milliarden
o. Jg.	ohne Jahrgang
o.ä.	oder ähnliches/ähnlichem
o.g.	oben genannte(n)
o.V.	ohne Verfasser
OTC	Over the Counter
PC	Personal Computer
PVBP	Price Value of a Basis Point
RMS	Risikomanagementsystem
SCHUFA	Schutzgemeinschaft für allgemeine Kreditsicherung
sog.	sogenannte/sogenannten
u.a.	unter anderem
u.U.	unter Umständen
USD	US-amerikanische Dollar
usw.	und so weiter
v.a.	vor allem
VaR	Value-at-Risk
vgl.	vergleiche
vs.	versus
WAN	Wide Area Network
XPS	Expertensystem(e)
z.B.	zum Beispiel
z.T.	zum Teil

1 Einleitung

1.1 Problemstellung

Die Unsicherheit über zukünftige und das unvollständige Wissen um vergangene Ereignisse bewirken für jeden Menschen und jede gesellschaftliche Institution eine Risikosituation. Die zunehmende Umweltdynamik und -instabilität sowie die fortschreitende Globalisierung und Komplexität der Märkte erschweren in besonderem Maße die Entscheidungsfindung der Unternehmensführung. Während der einzelne Mensch seine Entscheidungen i.d.R. ausschließlich sich selbst gegenüber verantworten muß, betreffen die Beschlüsse der Unternehmensleitung nicht nur diese selbst, sondern auch Arbeiter und Angestellte, ggf. Zulieferer, Aktionäre, Hausbanken und andere Geschäftspartner. Daher gewinnt die Risikoproblematik auch gesellschaftspolitisch immer mehr an Bedeutung.

Als Ursprungsland des Risikomanagements können die Vereinigten Staaten von Amerika angesehen werden.[1] Erste Beiträge zu diesem Thema erscheinen bereits um 1920[2] und vermehrt seit den 50er Jahren.[3] Mitte der 70er Jahre hält das Risikomanagement breiten Einzug in den deutschsprachigen Raum, und die Anzahl der Veröffentlichungen auch jüngeren Datums läßt erkennen, daß dieses Thema bis heute nicht erschöpfend behandelt worden ist. Ein Schwerpunkt der aktuellen betriebswirtschaftlichen Forschung ist die Integration von Kredit- und ähnlichen schwer schätzbaren Risiken in die vorhandenen Modelle.[4] In der Praxis sorgen gesetzliche Vorgaben dafür, daß v.a. Kreditinstitute verstärkt an der Entwicklung von Risikomanagementsystemen (RMS) arbeiten. Aber auch über gesetzliche Zwänge hinaus erkennen immer mehr Unternehmen im internationalen Bankgeschäft[5] sowie in Industrie und Handel ein hochentwickeltes RMS als strategischen Wettbewerbsvorteil.

Im Rahmen der vorliegenden Arbeit soll ein RMS konzeptiert und die Problematik der Implementierung aufgezeigt werden. Aufgabe des hier entwickelten Konzeptes soll es sein, die verantwortlichen Entscheider[6] auf allen Hierar-

---

[1] Vgl. MUGLER (1979), S. 5, SCHEUENSTUHL (1992), S. 1.
[2] Vgl. KNIGHT (1971).
[3] Vgl. BRAUN (1984), S. 14.
[4] Vgl. o.V. (1996).
[5] Vgl. o.V. (1996).
[6] Aus Gründen besserer Lesbarkeit wird im folgenden auf die Nennung der weiblichen

chiestufen mit den für sie relevanten Informationen zu versorgen. Dazu müssen Daten zur Verfügung gestellt werden, auf deren Basis sowohl Entscheidungen getroffen als auch die Risikopositionen innerhalb der Unternehmung ersichtlich werden.[7]

Besonderer Wert wird dabei auf die Umsetzung des prozessualen Ablaufes des Risikomanagements und auf die Erörterung der Leistungskriterien eines solchen Systems gelegt. Es ist jedoch nicht Inhalt dieser Arbeit, ein konkretes System zu entwickeln.[8] Die im Folgenden aufgestellten Überlegungen sollen einen Modellrahmen ergeben, anhand dessen ein reales System entwickelt werden könnte. Das Problemfeld der Implementierung wird somit nicht als Realisierung in Form eines Programmes, sondern als Betrachtung der notwendigen Voraussetzungen zu einer erfolgreichen Einführung in die Unternehmung erschlossen.

Ideal wäre es, ein System zu entwerfen, das in Kreditinstituten sowie Nichtbanken und für alle unternehmensweit anfallenden Risiken universell einsetzbar ist. Mag diese Vision zum heutigen Zeitpunkt noch eine Utopie sein,[9] soll die vorliegende Arbeit einen ersten Schritt in diese Richtung darstellen. Auch wenn aus der Vielzahl der betrieblichen Risiken eine Einschränkung auf die finanzwirtschaftlichen Aspekte vorgenommen wird, so soll das entworfene RMS doch über das gesamte Spektrum unternehmerischer Tätigkeiten einsetzbar sein, die den genannten Risiken unterliegen. In diesem Sinne löst sich diese Arbeit von der vorliegenden Literatur, die ihren jeweiligen Schwerpunkt grundsätzlich auf die Betrachtung von Einzelrisiken legt oder sich auf Branchenspezifika beschränkt.[10]

Bezeichnungen verzichtet.
[7] Analog der Forderung von SIEGWART/MAHARI (1996), S. 239.
[8] Zu Begriff und Aufgaben der Systementwicklung vgl. SCHMIDT (1996), S. 37 ff.
[9] Vgl. KRÜMMEL (1989), S. 36.
[10] Dies ist auch bei vielen vorhandenen Softwareprodukten der Fall (vgl. z.B. KLEIN/LEDERMAN (1996), S. 743 ff.).

1.2 Gang der Untersuchung

Die Untersuchung gliedert sich in drei Hauptteile:

Der erste Teil (Kapitel 2) soll durch die **Definition grundlegender Begriffe** ein einheitliches Begriffsverständnis gewährleisten. Weiterhin werden die finanzwirtschaftlichen Risiken näher betrachtet, wobei die Markt- und Bonitätsrisiken als die dominierenden Risiken herausgestellt und ausführlich behandelt werden.

Gegenstand des zweiten Teils (Kapitel 3 und 4) ist die **Konzeption eines DV-gestützten RMS**. Zur besseren Darstellung des prozeßorientierten Ablaufs im System werden daher in Kapitel 3 zunächst die Phasen des Risikomanagements - Analyse, Bewertung, Steuerung und Kontrolle - mit ihren jeweiligen Instrumenten näher beleuchtet. Anhand der gewählten Definition des Risikomanagementprozesses werden dabei die Möglichkeiten und Grenzen eines DV-gestützten System anschaulich und umfassend dargestellt. Kapitel 4 geht in einem ersten Schritt auf die grundlegende Problematik des Systems ein, die Informationsbeschaffung. Anschließend wird im Rahmen der Informationsverarbeitung ausgeführt, zu welchen Zwecken und in welchem Umfang das RMS innerhalb der einzelnen Phasen des Risikomanagements eingesetzt werden kann und wo die Grenzen eines DV-Systems liegen.

Die Überlegungen im dritten Teil (Kapitel 5) der Arbeit gelten der **Implementierung des Systems**. Dabei wird grundsätzlich davon ausgegangen, daß das RMS erst dann sinnvoll genutzt werden kann, wenn zuvor ein Risikomanagement in der Unternehmung installiert wurde. Vor diesem Hintergrund werden die grundsätzlichen Einführungsschwierigkeiten eines Risikomanagements herausgearbeitet, d.h. Geschäftsführung, Organisationsstruktur, Technik und Personalpolitik als Haupteinflußfaktoren werden auf ihre wesentlichen Problemfelder hin untersucht und mögliche Lösungskonzepte angeboten.

Den Abschluß bilden die kritische Würdigung der Ergebnisse und ein Ausblick auf die mögliche weitere Entwicklung in Kapitel 6.

2 Finanzwirtschaftliche Risiken

2.1 Begriffsbestimmungen

Vor Darstellung der finanzwirtschaftlichen Risiken soll zunächst der Ausdruck "Risiko" spezifiziert werden, was seine entscheidungstheoretische Einordnung und Abgrenzung gegen andere Entscheidungssituationen unter Unsicherheit erfordert. Ergänzend werden die unterschiedlichen Risikodefinitionen der betriebswirtschaftlichen Risikoforschung anhand ihrer grundsätzlichen Ausrichtung systematisiert und eine Definition herausgestellt, die die Grundlage der weiteren Ausführungen bildet. Daran anschließend wird der Begriff "finanzwirtschaftliches Risiko" erläutert. Nach erfolgter Begriffsbestimmung werden die finanzwirtschaftlichen Risiken, insbesondere die Markt- und Bonitätsrisiken, sowie weitere verwandte Risikogruppen dargestellt.

Die **entscheidungstheoretische Einordnung** verschiedener Entscheidungssituationen ist abhängig vom Informationsstand zum Zeitpunkt der Entscheidung. Eine erste Differenzierung folgt der Frage, ob den zur Auswahl stehenden Alternativen eindeutige Ergebniswerte zugeordnet werden können. Ist dies möglich, spricht man von einer Sicherheitssituation, sonst von Unsicherheit.[11] Letztere kann weiter aufgegliedert werden in Ungewißheitssituationen (aus Mangel an hinlänglichen Informationen können keine Eintrittswahrscheinlichkeiten zugeordnet werden) und Risikosituationen (jedem möglichen Ereignis kann eine Eintrittswahrscheinlichkeit zugeordnet werden).[12] Basierend auf der Quelle der Eintrittswahrscheinlichkeiten kann bei einer Risikosituation nach subjektiven (nicht weiter kontrollierbaren, intuitiven) und objektiven (mathematisch/statistisch nachvollziehbaren) Wahrscheinlichkeiten unterschieden werden. Letztere umfassen nach ihrem Zustandekommen mathematische Wahrscheinlichkeiten (a priori Rechnungen) und statistische Wahrscheinlichkeiten (Extrapolationen).[13]

Bzgl. einer **Systematisierung** verwundert es, daß es bis heute nicht gelungen ist, dem Begriff "Risiko" eine allgemeingültige betriebswirtschaftliche Definition zu geben.[14] In der einschlägigen Literatur finden sich verschiedene Ansätze[15],

---

[11] Vgl. BITZ (1981), S. 13 ff.
[12] Vgl. SCHEUENSTUHL (1992), S. 12 f.
[13] Abbildung 4 im Anhang, S. 102, stellt diese Systematik grafisch dar.
[14] Vgl. BRAUN (1984), S. 22; FÜRER (1990), S. 42.
[15] Sehr ausführliche Überblicke bieten u.a. KUPSCH (1973), S. 26 ff.; BRAUN (1984),

deren Ausrichtung jedoch vorrangig die Forschungsorientierung der jeweiligen Autoren widerspiegelt.[16] Durch Abstraktion ist es möglich, zwei grundlegende Betrachtungsweisen herauszustellen:[17] Die Erklärung über den Informationszustand, d.h. die Ursache, und die Fokussierung der ökonomischen Folgen, d.h. die Wirkungsbetrachtung.

Die entscheidungstheoretische Einteilung anhand des **Informationszustandes** führt das Bestehen eines Risikos auf das Vorhandensein einer Wahrscheinlichkeitsverteilung für das Eintreten künftiger Ereignisse zurück.[18] In der Literatur ist umstritten, ob für das Bestehen eines Risikos eine objektive Wahrscheinlichkeitsverteilung gegeben sein muß oder ob es ausreicht, die Parameter subjektiv zu bestimmen.[19]

Autoren, die dagegen vorrangig die **ökonomische Wirkung** des Handelns betrachten, sehen im Risiko die Möglichkeit der Zielverfehlung. Die Literatur[20] spricht von der "*Möglichkeit des Mißlingens*", der "*Gefahr der Fehlentscheidung*", der "*Gefahr der negativen Zielabweichung*" sowie der "*Schadens- oder Verlustgefahr*", welche sich jedoch alle auf die - subjektive oder objektive - Abweichung von Zielen und Ergebnissen abstrahieren lassen. Im Gegensatz zur **Chance**, die eine positive Zielverfehlung beinhaltet, stellt das Risiko nur die Möglichkeit des Unterschreitens eines Soll- durch den Istzustand dar.[21]

Im Folgenden soll auf der Definition von Bitz aufgebaut werden:

> **Risiko** ist "[...] *die aus der Unsicherheit über zukünftige Entwicklungen resultierende Gefahr, daß eine finanzwirtschaftliche Zielgröße von einem Referenzwert negativ abweicht.*"[22]

Als Zielgrößen kommen insbesondere Zahlungsströme, Vermögensgrößen in Geldeinheiten, deren Veränderungen oder dem Zeitablauf nach dimensionierte

---

S. 22 ff.
[16] Vgl. BRAUN (1984), S. 23.
[17] Vgl. FÜRER (1990), S. 42; SCHULTE (1994), S. 27 f.; GULDIMANN (1989), S. 19 f. Davon abweichend sieht GREBE (1993), S. 5 f. drei Auffassungen, wobei "Risiko als Verlustgefahr" und "Risiko als Gefahr einer Fehlentscheidung" m.E. als "ökonomische Folgen" zusammengefaßt werden können.
[18] Vgl. BRAUN (1984), S. 24.
[19] Vgl. u.a. KNIGHT (1971), S. 224 ff.; BRAUN (1984), S. 24 u. 26; FÜRER (1990), S. 42 f.; BITZ (1993a), S. 6; SÜCHTING (1995), S. 343.
[20] Darstellungen der folgenden Sichtweisen bieten u.a. BRAUN (1984), S. 22 f.; BITZ (1993), S. 642; BRÜHWILER (1980), S. 40 f.
[21] Vgl. KUPSCH (1973), S. 50 ff.; BITZ (1993), S. 642; BRÜHWILER (1980), S. 41.

Veränderungsraten in Betracht. Bei Referenzwerten handelt es sich v.a. um erwartete Beträge, in Finanzkontrakten vereinbarte Beträge, das Anfangsvermögen sowie das Endvermögen bei Durchführung einer Alternativinvestition.[23]

Die gewählte Definition erweist sich als besonders geeignet, da sie beide Risikokomponenten, Ursache und Wirkung, beinhaltet. Unternehmerische Entscheidungen werden stets unter Unsicherheit getroffen.[24] Dies ist die Voraussetzung für eine evtl. Zielverfehlung[25] und deren ökonomische Wirkung: die Möglichkeit, einen finanziell quantifizierbaren Verlust zu erleiden. Aufgrund dieses kausalen Zusammenhanges scheint eine Trennung der Komponenten nicht sinnvoll.[26] Weiterhin stellt Bitz sehr klar die Quantifizierbarkeit der Zielverfehlung durch den Gebrauch von Ziel- und Referenzwert heraus, was die Anwendung der Definition leichter macht, als dies bei einer Formulierung wie *"Risiko bedeutet Verlustgefahr"*[27] der Fall ist.

Die Definition von Bitz beschränkt sich nicht ausschließlich auf direkt finanzwirtschaftliche Risiken, sondern erfaßt auch solche, die in anderen betrieblichen Funktionsbereichen (Beschaffung, Lagerhaltung, Vertrieb etc.) entstehen können. Da auch Handlungen aus nicht als originär finanzwirtschaftlich angesehenen Abteilungen durchaus finanzwirtschaftliche Folgen haben können, eignet sich nachfolgende Abgrenzung für finanzwirtschaftliche Risiken:

Finanzwirtschaftliche Risiken sind solche, die aus dem Abschluß von Finanzkontrakten resultieren oder ihren Ursprung nicht in finanzwirtschaftlichen Aktivitäten haben, jedoch durch den Abschluß von Finanzkontrakten beeinflußt werden können.[28]

Als Finanzkontrakte sollen dabei Verträge bezeichnet werden, die den Austausch von Zahlungsmitteln gleicher Währung zu verschiedenen Zeitpunkten, unterschiedlichen Währungen zu gleichen oder verschiedenen Zeitpunkten, Zahlungsmitteln gegen Finanztitel erster oder höherer Ordnung oder Finanztiteln verschiedener Art oder unterschiedlicher Ordnung zum Inhalt haben.[29]

---

[22] BITZ (1993), S. 642.
[23] Vgl. BITZ (1993), S. 642.
[24] Vgl. SCHIERENBECK (1995), S. 503.
[25] Vgl. GREBE (1993), S. 8.
[26] Vgl. u.a. GREBE (1993), S. 8; BRAUN (1984), S. 25 f.
[27] Vgl. KUPSCH (1973), S. 26.
[28] Vgl. BITZ (1993), S. 643 f.
[29] Finanztitel erster Ordnung repräsentieren hierbei Ansprüche auf zukünftige Zahlungen

Nach dieser Abgrenzung grundlegender Begriffe, werden nachfolgend das Markt- und Bonitätsrisiko als bedeutende finanzwirtschaftliche Risiken dargestellt. Dabei muß deutlich gemacht werden, daß die meisten Finanztitel i.d.R. mehreren Risiken gleichzeitig ausgesetzt sind. So kann bspw. eine Fremdwährungsanleihe neben dem Zinsänderungs- und Wechselkursrisiko auch ein Ausfall- und Länderrisiko in sich tragen. Zum besseren Verständnis der nachfolgenden Ausführungen soll jedoch die Annahme getroffen werden, daß jeweils nur ein Risiko auf den betrachteten Finanztitel wirkt.

2.2 Marktrisiken

2.2.1 Vorbemerkungen

Unter dem Begriff Marktrisiken werden die Risiken zusammengefaßt, denen offene Positionen[30] durch Änderungen ihrer wertgebenden Faktoren ausgesetzt sind. Dies kann z.B. bei einem Engagement in einer Bundesanleihe oder einer zukünftigen Zahlungsverpflichtung in einer Fremdwährung der Fall sein. Hier können ungünstige Änderungen von Zinsen oder Preisen/Kursen zu monetär quantifizierbaren Verlusten führen. Determinanten für die Höhe des Verlustpotentials sind dabei das Volumen der offenen Position und die Höhe der potentiellen Kurs- oder Preisänderung.[31]

Im folgenden Abschnitt werden zunächst das Zinsänderungsrisiko und das Wechselkursrisiko näher erläutert. Im Anschluß daran findet eine Darstellung weiterer wesentlicher Marktrisiken in Form von Risiken aus Aktien, Edelmetallen und Rohstoffen statt. Ausführlich wird auf die spezielle Risikoproblematik derivativer Finanzinstrumente hingewiesen.[32]

---

aus geschlossenen Finanzkontrakten (z.B. Rentenpapiere, Währungsoptionen). Finanztitel zweiter Ordnung beinhalten Ansprüche auf Finanztitel erster Ordnung (bspw. der Kauf einer Aktie auf Termin). Finanztitel dritter Ordnung begründen Ansprüche auf Finanztitel zweiter Ordnung, usw. Vgl. BITZ (1993), S. 644.

[30] Eine offene Position (Exposure) ist ein Vermögenswert, eine Verpflichtung oder ein Zahlungsstrom, der einer möglichen Preisänderung gegenübersteht, ohne daß er mit einer anderen Leistung, die ein in Höhe, Fristigkeit oder wertgebender Determinante spiegelbildliches Äquivalent darstellt, saldiert werden kann.

[31] Vgl. SCHIERENBECK (1994), S. 508.

[32] Der Vollständigkeit halber sei darauf hingewiesen, daß es noch weitere Risiken gibt, die ihren Ursprung im finanzwirtschaftlichen Bereich haben. Da diese für den weiteren Verlauf der Arbeit jedoch nicht von Bedeutung sind, werden sie nicht näher betrachtet. Ausführungen hierzu finden sich u.a. bei SCHARPF/LUZ (1996), S. 96; HEIDORN/BRUTTEL (1993), S. 8; SCHIERENBECK (1994), S. 516 f.; SÜCHTING (1995), S. 437 ff.;

2.2.2 Zinsänderungsrisiko

Das Zinsänderungsrisiko wurde erst relativ spät als bedeutender Risikokomplex insbesondere für die Kreditwirtschaft erkannt.[33] Die wissenschaftliche Forschung zu diesem Thema ist daher vergleichsweise jung, einschlägige deutschsprachige Literatur findet sich vermehrt erst ab Mitte der 80er Jahre. Dies könnte auf die für einzelne Kreditinstitute "*existenzbedrohenden*"[34] Hochzinsphasen 1973/74 und 1980 zurückzuführen sein.[35] Aufgrund ihrer bedeutenden Funktion als volkswirtschaftliche Finanzintermediäre,[36] in der sie v.a. Transformations-[37] und Kumulationsaufgaben[38] wahrnehmen, erweisen sie sich als äußerst anfällig für Zinsänderungen. Generell ist aber jede Unternehmung, die Kredite aufnimmt oder Finanzanlagen tätigt, dem Zinsänderungsrisiko unterworfen.

Im Einklang mit der gewählten Risikodefinition kann der Zielwert bspw. das Zinsergebnis, die Effektivverzinsung oder auch der Barwert einer Investition sein. Referenzwerte stellen hier die erwarteten oder geplanten Beträge sowie die Opportunitätskosten dar. Die unvollständigen Informationen betreffen die zukünftige Entwicklung von Zinsniveau und -struktur. Das Verlustpotential wird durch Multiplikation des Exposures[39] mit der Höhe der erwarteten Veränderung errechnet.

Die wesentliche Determinante des Zinsänderungsrisikos ist die Rendite- bzw. Zinsstrukturkurve, die dem jeweiligen Instrument zugrunde liegt.[40] Eine für die Unternehmung ungünstige Entwicklung dieser Parameter läßt das Risiko schlagend werden, was sich durch Barwertrechnungen leicht nachvollziehen läßt.[41]

---

[33] KEINE (1986), S. 59 ff.
Vgl. STROBL (1989), S. 1.
[34] STROBL (1989), S. 3.
[35] Vgl. BESSLER (1989), S. 3. Abbildung 5 im Anhang, S. 103, zeigt die relevante Zinsentwicklung.
[36] Vgl. u.a. STROBL (1989), S. 28; BESSLER (1989), S. 1; BITZ (1993a), S. 26 ff.
[37] Vgl. BITZ (1993a), S. 26 ff.
[38] Anhäufung vieler kleiner Einlagen zur Vergabe größerer Kredite.
[39] Zur Ermittlung des Zinsexposures bietet sich bspw. das Konzept der Zinsbindungsbilanz an: Es werden alle Zinspositionen auf der Aktiv- und Passivseite, geordnet nach ihrer Zinsbindungsdauer, gegenübergestellt und auf diese Weise Zinsüberhänge auf der jeweiligen Bilanzseite ermittelt (vgl. BURGHOF/RUDOLPH (1996), S. 158 f.).
[40] Vgl. SCHARPF/LUZ (1996), S. 70; ELLER/SPINDLER (1994), S. 28.
[41] Zur Bewertung von Zinsinstrumenten vgl. Abschnitt 3.3.1.

Eine nicht antizipierte Änderung des Zinsniveaus oder der -struktur kann für jede zinssensitive Position schwerwiegende Folgen haben. Im Anlageportfolio einer Unternehmung gliedert sich das Zinsänderungsrisiko bei verzinslichen Wertpapieren grundsätzlich in Ergebnis- und Wiederanlagerisiko:[42]

Das **Ergebnisrisiko** besteht für den Fall, daß eine Anlage vor ihrem Fälligkeitstermin verkauft werden muß. Wenn sich Zinsniveau bzw. Zinsstruktur zwischen Anlage und Liquidation derart verändern, daß der Kurs des Finanztitels fällt, kann der ursprünglich erwartete Rückzahlungskurs nicht mehr erlöst werden. Bei variabel verzinslichen Papieren, die aufgrund der Zinsanpassungen nur relativ eng um den Rückzahlungskurs schwanken, besteht im Prinzip kein Verlustpotential.[43] Bei festverzinslichen Anleihen ist dieses jedoch vorhanden und steigt mit zunehmender Laufzeit[44] an.[45] Das **Wiederanlagerisiko**[46] ergibt sich aus der Problematik, daß bei Renditeberechnungen von folgender Überlegung ausgegangen wird: Erhaltene Zinsleistungen werden entweder zum Anlagezinssatz oder zum Zinssatz, den eine erwartete Zinsstrukturkurve vorsieht, reinvestiert. Da die zukünftigen Zinssätze zu diesem Zeitpunkt nicht mit Sicherheit bekannt sind, ist das Ergebnis aus der Wiederanlage der zwischenzeitlichen Zahlungen und somit auch das Gesamtergebnis der Finanzanlage risikobehaftet.

Die Lösung dieser Problematiken wäre ein kuponfreier Finanztitel (abgezinstes Wertpapier, Zero-Bond), dessen Gesamtfälligkeit genau mit dem Ende des Anlagehorizontes zusammenfällt.[47] Da bis zum Fälligkeitsdatum keine Zinszahlungen und danach keine erneute Anlage erfolgt, entsteht kein Wiederanlage- und Ergebnisrisiko.

Darüber hinaus besteht ein sog. **Transformationsrisiko**, das originär auf das Zinsänderungsrisiko zurückgeführt werden kann. Es wird schlagend, wenn Finanzierung und Refinanzierung nicht zins-, betrags- und fristenkongruent geschlossen sind; so bspw. wenn eine langfristige Ausleihung mit festem Zins ausgestattet ist und die kurzfristigen Zinsen des Refinanzierungskapitals stei-

---

[42] Vgl. BUSSMANN (1988), S. 2 f.
[43] Vgl. GRAMLICH/WALZ (1991), S. 331; STEINER/BRUNS (1994), S. 216.
[44] Vgl. JORION (1995), S. 25.
[45] Unter dem Ergebnisrisiko läßt sich ebenfalls das Tilgungsrisiko (Gefahr der vorzeitigen Tilgung durch die Gegenpartei) sowie das Auslosungsrisiko (vorzeitige Tilgung durch Losverfahren) subsumieren.
[46] Vgl. BESSLER (1989), S. 56.
[47] Vgl. BUSSMANN (1988), S. 1.

gen.[48] Dies führt zu einer Verminderung der Zinsspanne bei Kreditinstituten bzw. zu einer Erhöhung der Kapitalkosten bei Nichtbanken, die im Extremfall einen Kredit oder ein Projekt unrentabel werden lassen können.[49]

2.2.3 Wechselkursrisiko

Das Wechselkursrisiko ist für die meisten international tätigen Unternehmungen von zentraler Bedeutung. Es erwächst aus offenen Positionen in Fremdwährungen, üblicherweise Zahlungsverpflichtungen oder Forderungseingängen auf einen zukünftigen Termin, wenn der tatsächliche und der erwartete Wechselkurs auseinanderfallen.[50] Aufgrund der hohen Volatilität[51] der Wechselkurse kann der Unternehmung innerhalb kürzester Zeit ein beträchtlicher Verlust entstehen.[52]

Grundsätzlich sind alle finanzwirtschaftlichen Vorgänge in Fremdwährungen, deren Ergebnisse in Heimatwährung konvertiert werden müssen, von einer ungünstigen Wechselkursentwicklung bedroht. Dies gilt bspw. für Fremdwährungsanleihen oder für Forderungen, die in Fremdwährungen fakturiert werden. Ursächliche Determinante des Wechselkursrisikos ist daher die Veränderungen der relevanten Währungskurse.

Das Wechselkursrisiko kann anhand folgender Konzepte gemessen werden: des ökonomischen Wechselkursrisikos, des Währungsumrechnungsrisikos und des Währungstransaktionsrisikos.[53] Für die vorliegende Arbeit ist insbesondere das **Währungstransaktionsrisiko** relevant,[54] welches Einzeltransaktionen mißt, die einen tatsächlichen Währungstausch beinhalten[55] und deshalb ein Risiko tragen. Grundlage für die Messung ist der Liquiditätsplan der Unternehmung, aufgeschlüsselt nach Währungen, Zahlungshöhe und Zeithorizont.[56] Daraus ergibt sich, daß das Exposure identisch mit dem errechneten offenen Betrag ist.

---

[48] Vgl. STROBL (1989), S. 30 ff.
[49] Das Transformationsrisiko wird in der Literatur vorwiegend als spezifisches Risiko der Kreditinstitute behandelt, kann aber auch Nichtbanken treffen. Vgl. bspw. BESSLER (1989); STROBL (1989); SCHIERENBECK (1994). GREBE (1993) geht in seiner Abhandlung über Nichtbanken nicht auf dieses Risiko ein.
[50] Vgl. BÜSCHGEN (1993), S. 225; ähnlich auch MEHL (1991), S. 1.
[51] Die Volatilität gibt die Schwankungsbreite des Wertes eines Finanztitels über einen bestimmten Zeitraum an. Vgl. z.B. GRONAU (1993), S. 200.
[52] Vgl. SOUREN (1995), S. 110.
[53] Vgl. hierzu u.a. BÜSCHGEN (1993), S. 228; SCHARPF/LUZ (1996), S. 87; MENICHETTI (1993), S. 67.
[54] Vgl. BÜSCHGEN (1993), S. 233, der das Währungstransaktionsrisiko mit dem Wechselkursrisiko gleichgesetzt.
[55] Vgl. HINZ (1989), S. 10.
[56] Vgl. BÜSCHGEN (1993), S. 231.

2.2.4 Weitere Marktrisiken

Die Risiken aus der Anlage in **Aktien** sind denen verzinslicher Wertpapiere ähnlich. Aktienengagements sind ebenfalls Marktrisiken ausgesetzt, auch wenn die Determinanten grundsätzlich andere sind. Sie tragen genauso ein Bonitätsrisiko bei, dem neben der Insolvenz des Unternehmens, an dem die Beteiligung besteht, auch eine Dividendenminderung oder sogar ein Dividendenausfall eintreten kann.[57] Analog zu behandeln sind die Risiken aus **Edelmetallen** und **Rohstoffen**. Diese sind allerdings frei von einem evtl. Dividendenausfall und besitzen wiederum eigene Risikodeterminanten.[58]

Keine Innovation auf den Finanzmärkten hat in den letzten Jahren soviel Aufsehen erregt wie die **derivativen Finanzinstrumente**. Im Gegensatz zu den zuvor behandelten originären Instrumenten (Anleihen, Aktien etc.) stellen Derivate selbst keinen realen Wert dar. Sie leiten ihren Preis von einem zugrundeliegenden Aktivum, von einem Referenzpreis, Referenzzins oder Referenzindex, dem sog. Underlying ab.

Eine Systematisierung ist möglich, indem man zunächst eine Trennung in börslich und außerbörslich (OTC) gehandelte Produkte vornimmt. Unter diesen beiden Produktarten finden sich Derivate mit Options- und mit Verpflichtungscharakter. Kennzeichnend ist hier die Tatsache, daß die Option für den Käufer ein Recht, aber keine Pflicht begründet, während die Alternative diese Wahlmöglichkeit nicht bietet, der Vertrag also erfüllt werden muß.[59] Derivate mit Verpflichtungscharakter weisen ein symmetrisches Chance/Risikoprofil auf. D.h. der Chance auf theoretisch unbegrenzten Gewinn steht das Risiko des Totalverlustes gegenüber.[60] Bei Derivaten mit Optionscharakter ist aufgrund der Wahlmöglichkeit des Optionsinhabers der Maximalverlust auf die gezahlte Prämie beschränkt, woraus sich ein asymmetrisches Chance/Risikoprofil ergibt.[61]

---

[57] Vgl. FEUERSTEIN (1984), S. 26.
[58] Strukturen und Preisdeterminanten in diesen Märkten erläutert HERBST (1986).
[59] Eine grafische Darstellung dieser Systematik bietet Abbildung 6 im Anhang, S. 104.
[60] Vgl. FIEBACH (1994), S. 15.
[61] Vgl. SCHMIDT/WARG (1996), S. 827.

Derivate stellen insofern eine Besonderheit dar, als es mit ihnen möglich ist, die Risikoverbunde originärer Instrumente[62] aufzulösen und dadurch ungewollte Einzelrisiken abzugeben.[63] Darüber hinaus ist die Anwendung von Derivaten mit nur geringem Kapitaleinsatz möglich. Dadurch ergibt sich ein Hebeleffekt,[64] der allerdings auch zu gravierenden Verlusten führen kann.[65]

Die Quantifizierung des Verlustpotentials ist bei Derivaten problematischer als bei originären Instrumenten, da sie mehrere Preisdeterminanten haben.[66] Ungeachtet dessen zeigen Statistiken[67], daß Derivate international in großem Umfang zum Einsatz kommen. Das Gros besteht dabei aus Swaps,[68] einem Instrument, das vorrangig zur Aktiv/Passivsteuerung benutzt wird.[69]

Abschließend soll deutlich gemacht werden, daß durch derivative Finanzinstrumente keine neuen Risiken geschaffen worden sind. Es ist aber aufgrund der besonderen Dynamik der Märkte und der komplexen Preisbildungsmechanismen eine schnellere und gründlichere Risikobehandlung erforderlich als bislang.[70]

2.3 Bonitätsrisiken

2.3.1 Vorbemerkungen

Das Bonitätsrisiko beinhaltet die Gefahr des teilweisen oder vollständigen Verlustes[71] ausstehender Forderungen aufgrund unerwarteter Ereignisse, die es dem Schuldner unmöglich machen, eine fällige Forderung zu bezahlen.[72]

---

[62] Bspw. trägt eine Fremdwährungsanleihe Zins-, Wechselkurs- und Bonitätsrisiken.
[63] Vgl. MEISTER/OECHLER (1996), S. 116; RUDOLPH (1995), S. 15 f.
[64] Vgl. VOLLMER (1996), S. 723.
[65] Durch den falschen oder unsachgemäßen Einsatz von Derivaten haben Organisationen wie z.B. Procter&Gamble, Metallgesellschaft, Orange County weltweit bereits Verluste in Millionenhöhe ausweisen müssen. Vgl. u.a. BEIER (1996); JORION (1995), BISHOP (1996).
[66] Verschiedene Derivate haben auch unterschiedliche Preisdeterminanten. MARSHALL/ KAPNER (1993), S. 173 ff. geben bspw. einen ausführlichen Überblick über die Risiken in einem Swap Portfolio.
[67] Tabelle 1 im Anhang, S. 105, gibt die erste Statistik der BIZ über die weltweiten Aktivitäten im Geschäft mit derivativen Finanzinstrumenten wieder. Eine Studie über den Gebrauch von Derivaten in amerikanischen Nichtbanken bieten BODNAR et al. (1995).
[68] Vgl. Tabelle 2 im Anhang, S. 106.
[69] Vgl. KISSANE (1996), S. 160. Eine Studie über den Einsatz von Derivativen in Unternehmen verschiedener Branchen bietet PHILLIPS (1995).
[70] Vgl. RUDOLPH (1995), S. 18. Einen Überblick über die komplexen Risiken derivativer Instrumente bieten z.B. KRUMNOW (1995), S. 354 ff.; HENTSCHEL/SMITH (1994), S. 8 ff. Mit besonderem Schwerpunkt auf OTC-Derivaten RUFFNER (1994), S. 575 ff.
[71] Verzögerte Zahlungen werden nicht als Ausfall-, sondern als Terminrisiko interpretiert (vgl. SCHULTE (1994), S. 35).

Charakteristisch für Bonitätsrisiken sind ihre asymmetrischen Chance/Risiko-profile.[73] Während unerwartete Preisschwankungen auf offene Positionen positiv wie negativ wirken können,[74] schlagen mögliche Bonitätsänderungen u.U. negativ, jedoch niemals positiv zu Buche. So wird ein Kredit bei schlechter Ertragslage des Kreditnehmers möglicherweise notleidend und fällt aus; bei guter Ertragslage hingegen wird er wie vereinbart zurückgeführt, ohne daß eine zusätzliche Prämie gezahlt wird. In diesem Fall gleicht das Risikoprofil dem Verkauf einer Option.[75]

Die Höhe des Verlustpotentials wird üblicherweise durch Multiplikation des Exposures mit der statistischen Ausfallwahrscheinlichkeit errechnet.[76] Diese Methode stößt aber gerade bei der Bewertung des Bonitätsrisikos derivativer Instrumente an ihre Grenzen.[77]

Das Bonitätsrisiko ist besonders für Finanzintermediäre von Bedeutung, da die Kreditvergabe einen großen Teil ihres originären Geschäftsfeldes darstellt. Dies mag erklären, weshalb die vorliegende Literatur sich vorrangig mit dem Bonitätsrisiko aus der Sicht von Kreditinstituten beschäftigt.[78]

Eine Unterteilung des Bonitätsrisikos ist ursachenbezogen in das individuelle Adressenausfallrisiko und das übergeordnete Länderrisiko möglich.[79]

2.3.2 Adressenausfallrisiko

Im Rahmen der Beurteilung des Adressenausfallrisikos wird die Bonität einer Einzelperson oder einer Unternehmung geprüft.[80] Bevor eine Unternehmung einem Geschäftspartner Kredit gewährt, sollte dessen Bonität begutachtet werden. Bei eigenen Beurteilungen stellen unvollständige Informationen oftmals ein Problem dar, was vielfach durch Informationsbezug von Dritter Seite ausgeglichen werden soll. Im Falle von Privatpersonen besteht für Finanzintermediäre

---

[72] Ähnlich bei MAYLAND (1993), S. 2; PROFESSORENARBEITSGRUPPE (1987),
      S. 289; SCHIERENBECK (1994), S. 656.
[73] Vgl. STRÖHLEIN (1996), S. 17.
[74] Mit Ausnahme von Optionen verhalten sich Marktrisiken weitgehend symmetrisch (vgl.
      SCHARPF/LUZ (1996), S. 66).
[75] Der Gewinn besteht maximal in der empfangenen Risikoprämie, der Verlust hingegen
      kann, abhängig von der Kursentwicklung, deutlich höher ausfallen
[76] Vgl. SCHIERENBECK (1994), S. 656.
[77] Vgl. SCHIERENBECK (1994), S. 657.
[78] Eine Ausnahme bildet GREBE (1993), der das Bonitätsrisiko unter Diversifikations-
      gesichtspunkten behandelt.
[79] Vgl. SCHULTE (1994), S. 35.

die Möglichkeit, verhältnismäßig verläßliche Informationen über die Kreditver-
gangenheit des Kunden von der SCHUFA zu erhalten. Bei Firmenkunden ist der
Kreditgeber v.a. auf Bankauskünfte oder externe Auskunfteien angewiesen.[81]

Für Nichtbanken ist das Adressenausfallrisiko vorwiegend durch die Vergabe
von Zahlungszielen eine Bedrohung, gewinnt aber auch durch den zunehmenden
Einsatz derivativer Finanzinstrumenten immer stärker an Bedeutung.[82] In frühe-
ren Jahren wurde bspw. oftmals angenommen, daß das Ausfallrisiko eines
Swaps unbedeutend sei.[83] Diese Ansicht hat sich heutzutage nachhaltig geän-
dert. Auch wenn das Ausfallrisiko eines Swaps deutlich unter dem eines Kredi-
tes liegt,[84] muß es Eingang in eine ganzheitliche Risikobetrachtung finden.

Ebenfalls in den Rahmen des Ausfallrisikos ist das **Systemrisiko** einzuordnen.
Es beschreibt die Gefahr des sog. Dominoeffektes, falls ein Marktteilnehmer
ausfällt und durch seine Insolvenz weitere Marktteilnehmer zahlungsunfähig
werden läßt.[85] Dieses Risiko weist die besondere Problematik auf, daß auch
Geschäftspartner, die normalerweise solvent wären, auf diese Weise unerwartet
insolvent werden können. Umfaßt der Kreis der betroffenen Unternehmen mehrere Kontrahenten, kann dies zur Folge haben, daß die eigene Unternehmung
mit in die Zahlungsunfähigkeit gezogen wird.[86]

2.3.3 Länderrisiko

Das Länderrisiko entsteht aufgrund grenzüberschreitenden Kapitalverkehrs.
Seine Bedeutung hat in den letzten Jahren, bedingt durch das steigende Volumen des internationalen Güterverkehrs, stark zugenommen.[87]

Im Gegensatz zum Adressenausfallrisiko wird bei einer Länderrisikobeurteilung
eine ganze Volkswirtschaft einer Bonitätsprüfung unterzogen. Dadurch treten
bei der Beurteilung andere Kriterien in den Vordergrund, da die Zahlungsaus-
fälle auf Ereignisse zurückzuführen sind, die nicht dem Einfluß des Kreditneh-

---

[80] Vgl. FÜRER (1990), S. 164.
[81] Vgl. KLIMA (1987), S. 116 ff.
[82] Vgl. SMITHSON/HAYT (1996), S. 70.
[83] Vgl. WAKEMAN (1996), S. 307.
[84] Vgl. WAKEMAN (1996), S. 307.
[85] Sehr ausführlich bei o.V. (1996a).
[86] Vgl. RUDOLPH (1995), S. 17 f.
[87] Vgl. BÜSCHGEN (1993), S. 205.

mers unterliegen.[88] Eine Unterscheidung ist nach wirtschaftlichen und politischen Determinanten möglich:

Das **wirtschaftliche Länderrisiko** besteht darin, daß ein kreditnehmender Staat aus ökonomischen Gründen außerstande ist, seine Zahlungsverpflichtungen zu erfüllen. Maßgebliche Determinanten sind hier die Devisenschöpfungskraft aus Exporten und der Devisenbedarf für Importe. Wenn diese beiden Faktoren sich in ungünstiger Weise auseinanderentwickeln und darüber hinaus die Möglichkeiten der Kreditaufnahme sowie der Zahlung in eigener Währung nicht mehr gegeben sind, gerät der Staat in Gefahr, fällige Forderungen nicht mehr begleichen zu können.[89]

Unter dem **politischen Länderrisiko** werden staatliche Einflußnahmen auf geschäftliche Transaktionen subsumiert, welche die Verfehlung einer Zielvereinbarung durch den Kreditnehmer zur Folge haben. So besteht bspw. die Möglichkeit, daß ein Schuldner zwar willens und in der Lage ist, eine Forderung zurückzuzahlen, dies aber aufgrund von nationalen Beschränkungen des Kapitalverkehrs nicht möglich ist. Daher muß bei Kapitalanlagen im Ausland neben der Rückzahlungsfähigkeit des Unternehmens stets auch der Rückzahlungswillen der jeweiligen Regierung beurteilt werden.[90]

Die politische Komponente des Länderrisikos kann weitreichende Folgen nach sich ziehen. Es sind verschiedene Stufen mit unterschiedlichen Konsequenzen denkbar, die von verzögerter Rückzahlung einer Forderung bis zur entschädigungslosen Enteignung einer Direktinvestition im Ausland reichen können.[91]

---

[88] Es sei denn, der Staat selbst ist Kreditnehmer.
[89] Vgl. BÜSCHGEN (1993), S. 207.
[90] Vgl. BÜSCHGEN (1993), S. 206.
[91] Ausführlich behandelt in NESSELER (1987).

3 Konzeption des finanzwirtschaftlichen Risikomanagements

3.1 Vorbemerkungen

Nachdem im vorangegangenen Kapitel die für diese Arbeit relevanten finanzwirtschaftlichen Risiken erläutert wurden, folgen nun die Konzepte, die die Grundlage eines RMS bilden. Nach den notwendigen begrifflichen Erläuterungen wird eine ausführliche Darstellung der in den jeweiligen Phasen angewandten Instrumente gegeben. Diese bilden die Basis für die in Kapitel 4 erfolgenden Ausführungen bzgl. der Anforderungen an das RMS.

Zunächst soll der Prozeß des Risikomanagements näher ausgeführt werden. In der vorliegenden Literatur finden sich dazu verschiedene Ansätze,[92] die sich vorwiegend im Detailierungsgrad unterscheiden.[93] Braun unterteilt den Prozeß in vier Phasen: Risikoanalyse, Risikobewertung, Risikosteuerung und Risikokontrolle.[94]

Die vorliegende Arbeit folgt speziell diesem Ansatz, beschreibt das Konzept doch umfassend die Aufgabenstellung und wählt dabei eine Differenzierung, die für die Konzeption eines DV-gestützten Systems sinnvoll scheint. Letzteres deshalb, da die vorgeschlagene Einteilung die Unterscheidung von Aufgaben erlaubt, die das System selbständig erledigen, unterstützen und nicht bearbeiten kann.

Das entworfene Phasenschema folgt dabei einer Prozeßkette: Es beginnt mit der Analyse der innerbetrieblichen Risikostrukturen, anhand derer die bestehenden Risiken identifiziert und Zusammenhänge zwischen den Einzelrisiken untersuchen werden. Darauf aufbauend ermittelt die Risikobewertung mit welchen Preisen die risikobehafteten Finanzinstrumente bewertet werden sollen und wendet geeignete Methoden und Instrumente zur Bildung von Kennzahlen an, die eine aussagekräftige Quantifizierung der Risiken ermöglichen. Auf Basis dieser Zahlen werden Auswertungen über die verschiedenen Risikopositionen der Unternehmung erstellt. Darüber hinaus können sie teilweise auch dazu

---

[92] Vgl. z.B. BRAUN (1984), S. 64 ff.; SCHULTE (1994), S. 57; BANNISTER/BAWCUTT (1981), die ein System für ein allgemeines Risikomanagement entwerfen oder FÜRER (1990), S. 64, der eine Gegenüberstellung verschiedener Ansätze zeigt.
[93] Vgl. KALTENHAUSER (1993), S. 348.
[94] Vgl. BRAUN (1984), S. 64 ff., der allerdings auch die "Schadens- und Verlustbewältigung" als Aufgabe des Risikomanagements sieht. Diese soll weiterführend in die Risiko-

eingesetzt werden, verschiedene Einzelrisiken vergleichbar zu machen und Positionen zu aggregieren. Weiterführend ist die Anwendung verschiedener Prognosetechniken zur Darstellung der Folgen möglicher Wertänderungen vorzunehmen. Anhand dieser Informationen kann die Risikosteuerung geeignete Maßnahmen ergreifen, um mögliche Zielwertabweichungen zu minimieren. Effektivität soll eine der Risikosteuerung nachgeschaltete Kontrollfunktion gewährleisten, die feststellt, ob die ergriffenen Maßnahmen optimiert werden können.

3.2 Risikoanalyse

Die Grundlage aller Aktivitäten des Risikomanagements muß zunächst das Erkennen der vorhandenen Risiken und ihrer Interdependenzen sein. Dabei können verschiedene Ansätze verfolgt werden. Fürer[95] trennt progressive und regressive Ansätze. Letztere analysieren ausgehend von den relevanten Zielsetzungen der Unternehmung deren risikosensitive Bereiche und arbeiten gezielt die Ursachen möglicher Risiken heraus. Der progressive Ansatz verfährt umgekehrt, d.h. von den Ursachen wird auf mögliche Zielbeeinträchtigungen geschlossen. Zur Verfügung stehen analytische und heuristische Instrumente, wie z.B. Checkliste, Hard-/ Soft-Spot-Analyse, Szenario Technik, Brainstorming, Simulation, Portfolio Analyse und Nutzwertanalyse.[96] Neben diesen stellen aber auch Erfahrung und Intuition unverzichtbare Hilfsmittel bei der Identifikation von Einzelrisiken dar.[97]

Weiterhin muß die Risikoanalyse sicherstellen, daß vor dem Einsatz neuartiger Finanzinstrumente diese solange geprüft und getestet werden, bis ihre Risikodeterminanten zweifelsfrei identifiziert und alle Fragen der Bewertung ausgeräumt wurden. Dies ist besonders für den Einsatz derivativer Instrumente von Bedeutung, da diese bei unsachgemäßem Einsatz gravierende Verlustpotentiale in sich bergen.

Eine weitere Aufgabe der Analyse ist es regelmäßig zu überwachen, ob sich bereits erkannte Risiken verändert haben oder neue Gefahren hinzugetreten

---

kontrolle integriert sein.
[95] Vgl. FÜRER (1990), S. 65.
[96] Entnommen aus BRAUN (1984), S. 52.

sind.[98] Daneben muß überprüft werden, inwieweit die erfaßten Risiken tatsächlich noch in einer Weise relevant sind, die ihre Bearbeitung rechtfertigt. Andernfalls könnte die Gefahr entstehen, daß zuviel Aufwand für die Informationsbeschaffung und das Risikomanagement mit zu geringem Ergebnis betrieben wird. Vor diesem Hintergrund muß die Risikoanalyse von vornherein die Risiken isolieren, deren Erfassung aufgrund nicht ausreichender Information oder zu hoher Informationskosten als nicht meßbar einzustufen ist.[99]

Werden Risiken als nicht meßbar bewertet, so muß die Risikoanalyse entscheiden, in welcher Weise diese Verlustpotentiale behandelt werden sollen. Grundsätzlich sind zwei Methoden möglich: Einerseits die Klassifizierung als vernachlässigbares Risiko, andererseits die Einstufung als potentielle Verlustquelle. Für letztere könnten Vorsorgeaufwendungen, bspw. im Rahmen einer globalen Kapitalrücklage, getroffen werden.

3.3 Risikobewertung

3.3.1 Preisfindung

Das jeweilige Ziel der Auswertung erfordert eine Bewertung der offenen Positionen mit verschiedenen Preisen.

Zunächst besteht die Möglichkeit Wertpapiere mit ihrem **Einstandspreis** zu bewerten. Diese Kennzahl ist zwar im weiteren Verlauf, insbesondere im Bereich der Risikokontrolle von Bedeutung, im Rahmen der Risikobewertung jedoch wenig aussagekräftig. Vor allem bei der Bewertung derivativer Instrumente können der Einstandspreis und die evtl. zu zahlenden Beträge weit auseinanderfallen. **Nominalwerte** sind, ähnlich wie Einstandspreise, nicht immer aussagekräftig und daher für die Risikobewertung selten von Nutzen. Sie finden ihre Anwendung bei der Vergabe von Kontrahentenlimiten. Daneben können Positionen mit **Buch-** oder **Marktwerten** bewertet werden. Die Auswahl der eingesetzten Methode muß sich an den Zielen der Auswertung orientieren. Soll z.B. das Abschreibungsrisiko erfaßt werden, sind Buchwerte einzusetzen. Unumgänglich für eine zeitnahe Auswertung ist die Verwendung von aktuellen

---

[97] Vgl. FÜRER (1990), S. 66.
[98] Vgl. SCHARPF/LUZ (1996), S. 64 f.; FÜRER (1990), S. 65.
[99] Vgl. KRÜMMEL (1989), S. 41.

Marktwerten, die sog. **Mark-to-Market**-Methode.[100] Ein solches Vorgehen ist besonders wichtig, um sich jederzeit ein Bild über die aktuelle Risikoposition machen zu können. Daher besteht auch von Seiten des Gesetzgebers[101] die Forderung nach dem Einsatz dieser Methode als Grundlage für die nachfolgenden Berechnungen.

Werden **verzinsliche Finanzinstrumente** bewertet, sind näher liegende Zahlungsversprechen höher zu bewerten als entfernte, da erstgenannte einen Zineszinseffekt ermöglichen. Aus diesem Grund werden die erwarteten Zahlungsströme auf den Bewertungsstichtag abgezinst und auf diese Weise der Barwert ermittelt.[102] Um der Tatsache Rechnung zu tragen, daß für unterschiedliche Laufzeiten von Finanztiteln verschiedene Zinssätze bestehen,[103] können zur Bewertung Zinsstrukturkurven eingesetzt werden.[104] Diese stellen den Zusammenhang zwischen den Renditen der beobachteten Instrumente und ihren Restlaufzeiten dar.[105]

Die Bewertung von **derivativen Finanzinstrumenten** stellt aufgrund der diversen Einflußfaktoren eine Herausforderung dar.[106] Es gibt vielfältige Modelle[107] zur Berechnung und für börslich gehandelte Instrumente kann eine Bewertung durch den Markt vorgenommen werden. Bei OTC-Produkten ist letzteres nicht möglich. Hier müssen eigene Berechnungen durchgeführt werden,[108] bei denen die Volatilität eine große Rolle spielt, die aber gerade für OTC-Geschäfte nicht ohne weiteres festzustellen ist. Hier kann auf die Verwendung von impliziten Volatilitäten[109] zurückgegriffen werden.[110]

Bei sog. **exotischen Derivaten** und **strukturierten Finanzierungen** kann es häufig vorkommen, daß eine Bewertung nicht ohne weiteres durchführbar ist.

---

[100] Vgl. PREYER/REINHARDT (1995), S. 197; CHORAFAS (1995), S. 49.
[101] Vgl. SCHARPF/LUZ (1996), S. 202; BRACKERT/PRAHL (1994).
[102] Ausführlich in UHLIR/STEINER (1986), S. 5 ff.
[103] Eine Ausnahme wären flache Zinsstrukturkurven.
[104] Vgl. UHLIR/STEINER (1986), S. 17 f.
[105] Vgl. BESSLER (1989), S. 50.
[106] Vgl. u.a. STEUER (1988), S. 73 ff.; CHORAFAS (1995), S. 395.
[107] Eine Übersicht findet sich bei LIEPACH (1993), S. 72 ff.; BUSCHMANN (1992), S. 725 f. Sehr ausführlich für eine Vielzahl von Instrumenten ist ALEXANDER (1996). Eine Einführung für OTC-Optionen bietet DAIGLER (1994), S. 603 ff. Diverse Modelle für exotische Optionen finden sich bei JARROW (1995).
[108] Vgl. MARSHALL/KAPNER (1993), S. 143 ff.
[109] Die implizite Volatilität wird aus den aktuellen Optionspreisen ermittelt und drückt somit die Erwartungen der Marktteilnehmer aus. Vgl. GRONAU (1993), S. 210.
[110] Vgl. SCHARPF/LUZ (1996), S. 104.

Solche Konstruktionen müssen zur Preisbestimmung zuerst in ihre Grundbe-
standteile zerlegt werden, ein als "Stripping" bezeichneter Vorgang.[111] Alle
Finanzinstrumente bestehen neben dem Underlying aus maximal drei verschiedenen Grundbausteinen: Zero-Bonds, Futures und Optionen.[112] Diese können
einzeln bewertet und, sofern Additivität gegeben ist, zu einer Gesamtposition
aggregiert werden.[113]

Kredite werden grundsätzlich mit dem Betrag der ausstehenden Leistungen
bewertet. Diese können anhand eines Barwertkonzeptes oder mittels Marktwerten erfaßt werden. Ersteres unterliegt dabei dem Problem der impliziten
Wiederanlageprämisse,[114] die unter realistischen Bedingungen nicht haltbar ist.
Daher sind für Ausleihungen möglichst Marktwertrechnungen heranzuziehen.[115]

3.3.2 Kennzahlenermittlung

3.3.2.1 Marktrisiko

Die Dimension des Marktrisikos läßt sich mit verschiedenen Kennzahlen beschreiben. Nachfolgend werden die für diese Arbeit relevanten Ansätze dargestellt, wobei eine Strukturierung nach ihrer Einsetzbarkeit vorgenommen wird.
Zunächst wird das Value-at-Risk Konzept (VaR) erläutert, welches auf breiter
Ebene für fast alle Marktrisiken anwendbar ist. Danach folgen spezialisierte
Kennzahlen für originäre Zinsinstrumente in Form der Duration und darauf
aufbauend die Sensitivitätskennzahlen[116] Modified Duration und Price Value of
a Basis Point (PVBP). Abschließend werden Kennzahlen erläutert, die den
besonderen Eigenschaften derivativer Finanzinstrumente Rechnung tragen.

Value-at-Risk[117] ist ein Konzept zur Erfassung und Quantifizierung der meisten
Marktrisiken.[118] Dabei werden die Ergebnisse einer statistischen Analyse[119] des

---

[111] Vgl. ELLER (1994), S. 490 f.
[112] Vgl. DEUTSCH (1996), S. 131 ff.; am Beispiel eines Reverse Floaters bei ELLER (1995).
[113] Ausführlich mit Beispielen bei SCHMITT (1996).
[114] Vgl. SCHIERENBECK/WIEDEMANN (1996), S. 6.
[115] Ausführlich bei SCHIERENBECK/WIEDEMANN (1996), S. 160 ff.
[116] Sensitivitäten drücken aus, wie sich der analysierte Wert verhält, wenn eine seiner wertgebenden Determinanten c.p. verändert wird.
[117] WILSON (1996), S. 194 ff. vergleicht ähnliche Modelle und stellt ihre Unterschiede
heraus. JOHANNING (1996), S. 291 ff. untersucht unterschiedliche vom BAKred anerkannte Berechnungsverfahren.
[118] Die Ergebnisse bei der Bewertung asymmetrischer Risiken (z.B. Optionen) stellen sich als
ungenau heraus (vgl. SCHARPF/LUZ (1996), S. 108).
[119] Es handelt sich um ein Varianz-Kovarianz-Konzept.

Marktes und einer Portfolioanalyse zusammengeführt.[120] Das Ergebnis stellt den Geldbetrag dar, der unter Vorgabe einer Wahrscheinlichkeit das maximale Verlustpotential des analysierten Portfolios innerhalb eines vorgegebenen Zeithorizontes ausdrückt.[121] Zur Interpretation der Ergebnisse ist insbesondere die Kenntnis der Halteperiode und der Breite des verwendeten Konfidenzintervalls notwendig.[122] Die Halteperiode gibt an, auf welchen Zeitraum hin das Veränderungspotential des Portfolios berechnet werden soll. Sie leitet sich aus der erwarteten Liquidationsdauer des Portfolios ab.[123] Das Konfidenzniveau gibt an, mit welcher Wahrscheinlichkeit der berechnete Wert nicht überschritten wird.[124] Je höher das Konfidenzniveau gewählt wird, desto höher ist das Ergebnis der VaR-Berechnung. Mit Hilfe des VaR-Ansatzes kann eine Aussage über den maximal zu erwartenden Wertverlust aus einer Position getroffen werden.[125]

Vorteilhaft ist die Tatsache, daß das Ergebnis einer solchen Analyse in DM gemessen wird, wodurch Berechnungen über die Marktrisiken verschiedener Instrumente zu einem Gesamtwert addiert werden können.[126] Weiterhin können ganze Portfolios unter Berücksichtigung der Korrelationen der enthaltenen Instrumente bewertet werden. Als nachteilig erweist sich die Annahme der Normalverteilung des zu analysierenden Wertes, die jedoch empirisch nicht für alle Fälle nachgewiesen ist.[127] Weiterhin müssen die notwendigen Modellannahmen (Halteperiode etc.) kritisch betrachtet werden, da diese das Ergebnis nachhaltig beeinflussen.[128] Bei der Interpretation dieser Kennzahl muß zudem bedacht werden, daß es sich um eine Extrapolation von Vergangenheitsdaten handelt, die je nach gewählter Stützperiode[129] extreme Marktreaktionen stark

---

[120] Vgl. PREYER/REINHARDT (1995), S. 202.
[121] Vgl. UHLIR/AUSSENEGG (1996), S. 832.
[122] Vgl. BRAES/MANN (1996), S. 258.
[123] Vgl. BÜRGER (1995), S. 246; JP MORGAN (1995), S. 28.
[124] Vgl. VOGEL (1992), S. 159.
[125] Diese Aussage gilt für den festgelegten Zeithorizont innerhalb des spezifizierten Konfidenzniveaus. Vgl. LEONG (1996), S. 9.
[126] Vgl. SCHARPF/LUZ (1996), S. 107 f.
[127] PREYER/REINHARDT (1995), S. 202 f. schildern eine Auswertung für die Veränderung der durchschnittlichen Monatsrenditen von 10-jährigen Bundesanleihen, die einer Normalverteilung folgt. BÜRGER (1995), S. 247 ff. hingegen sieht diese Annahme "in den · wenigsten Fällen als realistische Grundlage" an. In JP MORGAN (1995), S. 46 ff. werden verschiedene Untersuchungen ausgeführt, die einer Normalverteilung ähnliche Strukturen belegen.
[128] Vgl. die Ausführungen von BEDER (1995), bzgl. der Test von verschiedenen VaR-Konzepten mit unterschiedlichen Modellannahmen.
[129] Die Stützperiode ist der Zeitraum, aus dem die Daten zur Berechnung der Normalverteilung stammen. Eine falsche Wahl dieses Zeitraumes kann zu Fehleinschätzungen des

abschwächt. Aus diesem Grund sind als Ergänzung zum VaR stets Streßsimulationen bzw. Worst-Case-Szenarien zur Verdeutlichung des Verlustpotentials, wenn der tatsächliche Verlust nicht innerhalb des Konfidenzintervalls liegt, einzusetzen.[130]

Die **Duration** ist ein analytisches Instrument zur Abschätzung von Kursänderungseffekten bei verzinslichen Wertpapieren.[131] Das bereits 1938 von Macauly entwickelte Konzept[132] gibt die durchschnittliche Bindungsdauer des in eine Anleihe investierten Kapitals an. Die Duration stellt damit eine Kennzahl zur Charakterisierung der Zeitdimension einer Finanzanlage dar, die alle verfügbaren Daten über zukünftige Cash-Flows zu einer Zahl zusammenfaßt.[133] Wie die nachstehende Formel zeigt, ermittelt man mit ihrer Hilfe den mit den Barwerten der Zins- und Tilgungszahlungen gewichteten Durchschnitt der Zeitpunkte aller Rückflüsse eines verzinslichen Wertpapiers:[134]

$$Duration^{135} = \frac{\sum_{t=1}^{n} \dfrac{t * R_t}{(1+i)^t}}{\sum_{t=1}^{n} \dfrac{R_t}{(1+i)^t}}$$

R_t = Rückflüsse im Zeitpunkt t
t = Zeitindex ($1 \leq t \leq n$)
n = (Rest-)Laufzeit der Anleihe
i = Marktzins/Kalkulationszins

Das Konzept basiert auf folgendem Zusammenhang: Ändert sich das Marktzinsniveau, resultiert daraus zwar eine gegenläufige Änderung des Barwertes der Anleihe, zudem aber auch eine parallele Änderung der Wiederanlagebedingungen für Zahlungen während der Laufzeit. Aus dem gegenläufigen Verhalten von Barwert und Wiederanlageverzinsung ergibt sich ein kompensatorischer Effekt. Der Punkt, an dem sich beide Effekte ausgleichen, ist die Duration; auf ihn hin ist die Anleihe gegen Zinsänderungen immunisiert.[136] Abbildung 1 stellt dar, wie

---

Verlustpotentials führen. Vgl. BÜRGER (1995), S. 246 f.

[130] Vgl. GROSS/KNIPPSCHILD (1995), S. 94; SÄTTELE (1996), S. 156; CHANCE (1996), Absatz 4.15.

[131] Mit der Duration läßt sich jeder Zahlungsstrom bewerten; üblich ist ihre Anwendung v.a. im Bereich verzinslicher Wertpapiere (vgl. GREBE (1993), S. 44 und 46).

[132] Für die geschichtliche Entwicklung vgl. u.a. BUSSMANN (1988), S. 2 ff.; BESSLER (1989), S. 60 ff.

[133] Vgl. RUDOLPH (1981), S. 19.

[134] Vgl. BRÄUTIGAM/ELLER (1990), S. 94.

[135] Für die ausführliche mathematische Herleitung der Duration vgl. u.a. BESSLER (1989), S. 62 ff.; BUSSMANN (1988), S. 88 ff. Den historischen Verlauf der Entwicklung integriert KEMPFLE (1990), S. 78 in seine Herleitung. GRAMLICH/WALZ (1991), S. 329 liefern eine anschauliche verbale Erklärung der Formel, während JORION (1995), S. 26 ff. eine eher populärwissenschaftliche Erläuterung am praktischen Beispiel bietet.

[136] Vgl. GREBE (1993), S. 45 f.

sich eine Zinsänderung durch Kursgewinne bzw. -verluste auf den Barwert und durch veränderte Wiederanlagezinsen auf den Endwert auswirken würde.

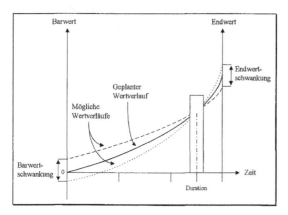

Abbildung 1: Kompensatorische Effekte bei Zinsänderungen[137]

Papiere mit einer höheren Duration reagieren c.p. mit stärkeren Kursschwankungen auf Veränderungen des Marktzinsniveaus als solche mit einer niedrigen Duration[138] und sind daher größeren Zinsänderungsrisiken ausgesetzt. Bei Finanztiteln mit nur einer Anfangsauszahlung und einer Schlußeinzahlung entspricht die Duration stets der Restlaufzeit. Besitzt eine Anleihe mehr als eine zukünftige Einzahlung, so ist die Duration immer kürzer als die Restlaufzeit.[139]

Neben der Tatsache, daß die Duration einfach zu berechnen ist,[140] tragen folgende Gründe maßgeblich zu ihrer weiteren Verbreitung bei:

Das Konzept berücksichtigt alle Rückflüsse vor Fälligkeit, v.a. Höhe, Häufigkeit und Zeitpunkt der Zinszahlungen sowie evtl. vorzeitige Tilgungen.[141] Im Gegensatz zu anderen Risikomaßen, wie z.B. dem β-Faktor[142], müssen keine Parameter geschätzt werden. Mit Hilfe der Duration lassen sich die verschiedensten Zinstitel vergleichen.[143] Da es sich um einen linearen Operator handelt, läßt sich

[137] Quelle: UHLIR/STEINER (1994), S. 74, mit eigenen Ergänzungen.
[138] Vgl. DAUBE/TAKE (1994), S. 221.
[139] Vgl. GRAMLICH/WALZ (1991), S. 330.
[140] Vgl. BUSSMANN (1988), S. 94.
[141] Vgl. BUSSMANN (1988), S. 88 f.
[142] Der β-Faktor gibt die Korrelation zwischen der relativen Kursentwicklung eines einzelnen Finanztitels und der eines Indexes an.
[143] Auch Derivate wie Zinsswaps (vgl. SCHARPF/LUZ (1996), S. 111).

durch Bildung des gewogenen Mittelwertes[144] der Durationen der einzelnen Portfoliokomponenten diejenige des Gesamtportfolios errechnen.[145] Daneben gibt es auch Argumente, die die Anwendbarkeit der Duration einschränken oder in Frage stellen: Aufgrund der Diskontierung der Rückflüsse mit einem einheitlichen Zinssatz wird unterstellt, daß die Zinsstrukturkurve flach verläuft.[146] Weiterhin wird vorausgesetzt, daß sich die Zinsstrukturkurve bei Änderungen der Marktzinsen parallel verschiebt.[147] Da dies in der Realität nicht gegeben ist,[148] kann der errechnete Wert von der tatsächlichen Duration abweichen. Darüber hinaus bestimmt die Höhe des Abzinsungsfaktors das relative Gewicht, mit dem die Zahlungen in die Kennzahl eingehen. So ist die Duration einer Anleihe c.p. um so kleiner, je höher der Kalkulationszinsfuß ist.[149] Daher ist die Aussagekraft der Kennzahl erheblich vom gewählten Kalkulationszinsfuß abhängig. Schließlich ist die Duration keine zeitstabile Größe; sie ändert sich bei Schwankungen der Zinsstruktur und mit Fortschreiten der Zeit.[150]

Die tendenziellen Aussagen der Duration über Ausmaß und Richtung einer Kursänderung lassen sich mit Hilfe der **Modified Duration** genauer quantifizieren. Diese wurde 1939 von Hicks definiert und gibt an, um wieviel Prozent sich der Preis einer Anleihe ändert, wenn das Marktzinsniveau um einen Prozentpunkt[151] steigt oder fällt. Folglich handelt es sich um eine relative Sensitivitätskennzahl.

$$Modified\ Duration = \frac{Duration}{1+i}$$

Diese Methode nimmt für sich in Anspruch, im Schwankungsbereich von ± 100 Basispunkten[152] annehmbar genaue Ergebnisse zu liefern,[153] wobei aber Kurs-

---

[144] Als Gewichtungsfaktor dienen die Anteile der entsprechenden Wertpapiere am Kurswert des Gesamtportfolios.

[145] Vgl. u.a. BUSSMANN (1988), S. 95; GREBE (1993), S. 46; RUDOPLH (1981), S. 20.

[146] Eine flach (horizontal) verlaufende Zinsstrukturkurve sagt aus, daß kein Unterschied in der Verzinsung von Wertpapieren mit unterschiedlicher Restlaufzeit besteht.

[147] Vgl. GREBE (1993), S. 44.

[148] Vgl. BUSSMANN (1988), S. 99.

[149] Vgl. GRAMLICH/WALZ (1991), S. 330.

[150] Vgl. GRAMLICH/WALZ (1991), S. 330.

[151] 100 Basispunkte entsprechen 1 Prozentpunkt.

[152] Vgl. ELLER (1991) S. 323; SCHIERENBECK (1994), S. 538.

[153] Die Begrenzung ist darauf zurückzuführen, daß die Modified Duration ebenso wie die Duration nach Macauly einen linearen Zusammenhang zwischen Zins- und Kursänderung unterstellt. Dieser lineare Zusammenhang ist im Bereich einer Zinsschwankung von 100 Basispunkten noch in soweit gegeben, als realitätsnahe Ergebnisse erwartet werden können. Vgl. ELLER (1991) S. 323; RUDOLPH (1981), S. 20 f.

wertsteigerungen unter-, Kursverluste dagegen überschätzt werden.[154] Rudolph bezeichnet dies als eine *"vorsichtige Approximation von Kurswertänderungen"*.[155] Abbildung 2 veranschaulicht die Abweichung grafisch:

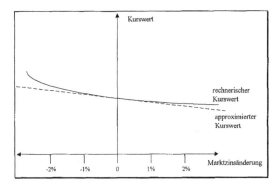

Abbildung 2: Zusammenhang von rechnerischem und approximiertem Kurswert[156]

Wie aus der Grafik ersichtlich, ist beim Einsatz der Modified Duration zu beachten, daß die Schätzfehler im positiven und negativen Bereich nicht identisch sind, d.h. Asymmetrie der Kursänderung vorliegt.[157]

Der PVBP ist ein quantitatives Maß, das den absoluten Geldbetrag angibt, um den sich der Preis eines Zinstitels ändert, wenn das Marktzinsniveau um einen Basispunkt steigt oder fällt. Er ist eine absolute Sensitivitätskennzahl.

$$PVBP^{158} = \frac{\frac{Duration}{1+i} * Dirty\ Price}{10.000}$$
Dirty Price = aktueller Kurs einschließlich anteiliger Stückzinsen

Entsprechend der Formel bestimmen Modified Duration und Dirty Price den PVBP. Beide verhalten sich zwischen zwei Kuponzahlungen - konstantes Zinsniveau unterstellt - genau gegenläufig. Die Modified Duration wird c.p. kleiner, während der Dirty Price aufgrund der auflaufenden Stückzinsen zunimmt.[159] Folglich weisen Dirty Price, Duration und Modified Duration am Kupontermin

---

[154] Vgl. BESSLER (1989), S. 65.
[155] Vgl. RUDOLPH (1981), S. 21.
[156] Quelle: RUDOPLH (1981), S. 21.
[157] Vgl. ELLER (1991), S. 323. Diese Problematik wird als Konvexität von Zinstiteln bezeichnet, soll an dieser Stelle aber nicht weiter behandelt werden. Erläuterungen dazu finden sich u.a. bei ELLER (1991), S. 323 ff.; DEUTSCH (1996), S. 144.
[158] Vgl. ELLER/SPINDLER (1994), S. 45.
[159] Vgl. ELLER (1991), S. 325 f.

Sprünge im Kurvenverlauf auf. Der PVBP kompensiert diese beiden Effekte und stellt daher eine Funktion in Abhängigkeit von der Restlaufzeit dar, deren Kurve keine Sprünge aufweist.[160]

Aufgrund der Tatsache, daß der PVBP durch die Einbindung des Duration-Konzeptes dessen Vorteile übernimmt, ist diese Kennzahl ein geeignetes Mittel im Zinsrisikomanagement. Er läßt sich als Kennzahl für alle Zinsinstrumente einsetzen und ist so auf breiter Basis anwendbar.[161]

Daube/Take fordern daher: *"Ein modernes, effizientes Risikomanagement für Zinstitel muß unter Risikoaspekten den PVBP als »Catch-All-Risikovariable« in den Mittelpunkt der Asset Allocation stellen."*[162] Dies scheint jedoch eine zu positive Sicht zu sein, da auch die Nachteile der Duration übernommen werden. So ist bspw. eine PVBP-Analyse nur im gleichen Schwankungsrahmen zuverlässig, wie dies für die Modified Duration gilt.[163]

Derivative Finanzinstrumente weisen besondere Eigenschaften auf, die mit spezialisierten Kennzahlen, den Optionspreissensitivitäten, zu beschreiben sind. Aus diesem Grund hat die Finanzmathematik eine Reihe von Risikokennzahlen aus Optionsbewertungsmodellen abgeleitet, die als "Greeks" bezeichnet werden:[164] Das **Delta** ermittelt, wie sich der theoretische Wert einer Option[165] bei Änderung des Kurses der Basisaktie um eine Geldeinheit verhält. Das **Gamma** gibt an, um wieviele Einheiten sich das Delta theoretisch verändert, wenn der Kurs der Basisaktie um eine Geldeinheit steigt oder fällt. Das **Theta** signalisiert die theoretische Wertänderung einer Option in Geldeinheiten bei Verkürzung der Restlaufzeit um einen Tag. Das **Vega** zeigt, um wieviel Geldeinheiten sich der theoretische Wert einer Option ändert, wenn die Volatilität der Basisaktie um einen Prozentpunkt steigt oder fällt. Das **Rho** ist ein Indikator der Veränderung des theoretischen Optionswertes für den Fall, daß sich der Zinssatz für die risikofreie Anlage ändert.

---

[160] DAUBE/TAKE (1994), S. 222.
[161] Vgl. ELLER (1996), S. 56.
[162] Vgl. DAUBE/TAKE (1994), S. 224.
[163] Vgl. ELLER (1996), S. 54.
[164] Vgl. u.a. STEINER/BRUNS (1994), S. 166 ff.; FIEBACH (1994), S. 109 ff.
[165] An dieser Stelle wird nur von Optionen die Rede sein. Sinngemäß sind diese Aussagen auf Aktien-, Index- und Zinsoptionen zu übertragen.

3.3.2.2 Bonitätsrisiko

Im Kreditgeschäft ist die Informationsasymmetrie zwischen Kreditor und Debitor ein bedeutender Faktor.[166] Die Geldgeber versuchen stets, ihre Informationsdefizite auszugleichen, wobei das sog. Rating zur Beurteilung der Bonität des Geschäftspartners traditionell eine große Rolle spielt. Die neuere betriebswirtschaftliche Forschung beschäftigt sich darüber hinaus mit Kennzahlen, die aus Optionspreismodellen abgeleitet werden. Im Folgenden werden beide Konzepte vorgestellt.

Ein **Rating** ist die entgeltliche Bewertung eines Schuldners durch eine externe Agentur.[167] Dabei wird eine Aussage über dessen zu erwartende Zahlungsfähigkeit auf kurz- und langfristige Sicht getroffen. Das Ergebnis stellt eine ordinale Klassifikation in Form von Buchstabenkürzeln[168] dar, zu dessen Ermittlung unterschiedliche qualitative und quantitative Faktoren[169] herangezogen und zu einer Gesamtzahl verdichtet werden.

Das Rating bezieht sich grundsätzlich auf einen bestimmten Finanztitel, in Ausnahmefällen auch auf ein Unternehmen oder einen Staat.[170] Da die Vergabe direkte Auswirkungen auf die Finanzierungskosten hat, verzichten manche Schuldner von vornherein auf eine Beurteilung, um nicht evtl. höhere Zinsen für Kapitalaufnahmen zahlen zu müssen.

Ratings werden von den Agenturen regelmäßig überprüft und ggf. angepaßt, was zu einem up- oder downgrading führen kann. Dadurch bleibt ihre Aussagekraft im Zeitablauf gewahrt.

Der Hauptvorteil dieser Beurteilungsmethode liegt in der Kosteneinsparung gegenüber eigenen Untersuchungen. Darüber hinaus ist eine gewisse Sicherheit

---

[166] Vgl. KRÜMMEL (1988), S. 13 ff.

[167] Neben den bekanntesten Agenturen wie Standard & Poor's oder Moody's existiert eine Vielzahl weiterer Anbieter, insbesondere für Länderratings. Eine Auflistung bietet FÜRER (1990), S. 172.

[168] Eine Erklärung der Bedeutungen findet sich ausführlich bei EVERLING (1991), S. 35 ff.; SCHULTE (1996), S. 256 f.

[169] Eine Auflistung gebräuchlicher Faktoren liefern u.a. BRÄUTIGAM/ELLER (1990), S. 102; BÜSCHGEN (1993), S. 207 ff.; JOHANNSEN/STEINBECK (1995), S. 484 ff. Darüber hinaus werden z.T. auch Faktoren einbezogen, deren Zusammenhang mit der Vergabe des Ratings nicht sofort offenbar wird. So sehen z.B. MUMPOWER/LIVINGSTON/LEE (1987) die Kindersterblichkeitsrate als wichtigen Faktor bei der Ermittlung des Länderratings.

[170] Vgl. EVERLING (1991), S. 29. Für kleinere Unternehmen kommt die Erstellung eines Ratings i.d.R. nicht in Betracht, was in den relativ hohen Kosten begründet liegt

gegeben,[171] was ein Grund für die breite Akzeptanz der Ratings im Markt sein könnte. Dem gegenüber stehen negative Aspekte wie die Tatsache, daß die Gewichtung der eingehenden Faktoren i.d.R. nicht bekannt ist, es kein einheitliches Verfahren zur Umsetzung der Ratings in konkrete Risikoauf- oder -abschläge gibt,[172] insbesondere verschiedene Laufzeiten und Cash-Flow-Strukturen unberücksichtigt bleiben,[173] zwischen den Ratings verschiedener Agenturen oftmals große Diskrepanzen bestehen[174] und daß - aufgrund der ordinalen Klassifikation - keine Additivität gegeben ist.[175] Weiterhin besteht die Möglichkeit einer evtl. wirtschaftlichen Abhängigkeit von Agentur und Auftraggeber.

Abschließend sei auf die Problematik der Zeitstabilität hingewiesen. Auch wenn die Agenturen ihre Aussagen regelmäßig überprüfen und ggf. korrigieren, garantiert ein Rating keine absolute Sicherheit. Insbesondere eine Veränderung der Einstufung kann für die geldgebende Unternehmung schwerwiegende Folgen haben.[176] Auf der Anlageseite würde ein Downgrading zu einem Kursverfall der betreffenden Wertpapiere führen, während ein vergebener Kredit durch vertragliche Bindungen u.U. nicht einmal fällig gestellt werden kann. Analog hierzu sind die Verhältnisse im derivativen Geschäft z.B. bei lang laufenden Swaps zu sehen, sofern keine Ausstiegsmöglichkeiten (Mutual Termination Options) vorgesehen sind.[177]

Zur Ermittlung des Ausfallrisikos von OTC-Derivaten[178] sei generell bemerkt, daß sich dieses aufgrund der - insbesondere bei exotischen Optionen - stark variierenden Cash Flows sehr kompliziert darstellen kann.[179]

Neben der Verwendung von Ratings der anbietenden Agenturen können Unternehmungen zur Vermeidung der genannten Nachteile natürlich auch eigene

---

[171] So ist bspw. noch nie ein AAA Schuldner ausgefallen (WAKEMAN (1996), S. 314). Eine detaillierte Analyse der Ausfälle der letzten Jahre liefert FONS (1995), S. 1 ff.
[172] Vgl. SIEVI (1996), S. 12; FÜRER (1990), S. 167.
[173] Vgl. SIEVI (1996), S. 12.
[174] Insbesondere im Bereich der Länderratings (Vgl. FÜRER (1990), S. 175).
[175] Vgl. GERDSMEIER/KROB (1994), S. 470.
[176] Dieses wird auch als Bonitätsänderungsrisiko beschrieben. Vgl. SCHULTE (1996), S. 131 ff.
[177] Zu dieser Problematik nimmt WAKEMAN (1996) ausführlich Stellung.
[178] Börslich gehandelte Derivate können als ausfallfrei angesehen werden, da die Clearingstelle als Vertragspartner zwischen beide Parteien tritt und daher im Falle eines Kontrahentenausfalls dessen Verbindlichkeiten begleicht.
[179] Vgl. WAKEMAN (1996), S. 308 ff.; JARROW/TURNBULL (1996).

Bonitätsanalysen durchführen. Diese versuchen aus den Gesellschaftsunterlagen, wie bspw. dem Jahresabschluß, Informationen über die gegenwärtige und zukünftige Finanz- und Ertragslage der Unternehmung zu gewinnen[180]. Neben der Auswertung verschiedener Kennzahlen[181] ist auch ein Vergleich mit anderen Unternehmen derselben Branche, Region usw. möglich. Daraus erfolgt die bonitätsmäßige Einstufung der Gesellschaft. Eine eigenständige Analyse erlaubt eine Faktorengewichtung entsprechend der individuellen Vorstellungen. Zudem sind Fälle denkbar in denen eine Unternehmung über aussagekräftigere Informationen als die Rating-Agentur verfügt.[182]

Eine Theorie, die erst seit kurzer Zeit zur Risikomessung genutzt wird,[183] bedient sich zur Bewertung von Bonitätsrisiken der klassischen **Optionspreismodelle**. Der Ansatz geht von der Überlegung aus, daß der Kreditgeber unter Risikogesichtspunkten dem Verkäufer eines Puts auf die Unternehmung des Kreditnehmers gleichgestellt ist.[184] Der Käufer der Option (Kreditnehmer) erwirbt das Recht, anstelle der Kreditrückzahlung die Unternehmung zu übergeben. Die Verkaufsoption wird mit dem Marktwert der Firma des Kreditnehmers und einem Ausübungspreis in Höhe des Barwertes seiner Gesamtverschuldung bewertet.[185] Sie kann mit Hilfe gängiger Optionspreismodelle berechnet werden.[186] Das Ergebnis ist die Risikoprämie, die der Kreditnehmer jährlich zu zahlen hat. Im Konkursfall wird der Kreditnehmer den Put ausüben und der Kreditgeber kann die Unternehmung liquidieren. Der Zahlungsausfall aus dem Kreditgeschäft wird durch den Zahlungseingang aus der Prämie für den Verkauf des Puts teilweise aufgefangen.

Die dargestellte Optionspreismethode fußt im wesentlichen auf den Informationselementen der traditionellen Kreditwürdigkeitsprüfung. Hier werden jedoch die einfließenden Risikoparameter objektiviert[187] und kritisierbar gemacht, so

---

[180] Vgl. hierzu ENDRES/KOCH (1994), die in der "Technischen Bonität" auch Daten wie Produktattraktivität, Innovationskraft und Organisationsaufbau auswerten.

[181] Einen ausführlichen Überblick über gebräuchliche Kennzahlen gibt UNTERHARN-SCHEIDT (1987), S. 22 ff.

[182] Z.B. Mineralölunternehmen oder Automobilhersteller, die eine sehr homogene Kundschaft aufweisen und über detaillierte Kennzahlen, insbesondere Umsatzzahlen, dieser Kunden verfügen.

[183] Vgl. STRÖHLEIN (1996), S. 20.

[184] Vgl. BREALEY/MYERS (1991), S. 582.

[185] Spot Price wäre der diskontierte Firmenwert, Laufzeit die Fälligkeit des Fremdkapitals.

[186] Ausführliche Beispielrechnungen finden sich bei GERDSMEIER/KROB (1994), S. 471 ff.

[187] Vgl. die Herleitung in RUDOPLH (1995a), S. 901 f.

daß das getroffene Werturteil besser nachvollziehbar ist. Dies stellt erhöhte Anforderungen an die beurteilenden Abteilungen im Unternehmen.[188]

Abschließend soll die sog. **Scoring-Methode** dargestellt werden, ein ökonometrisches Modell, das mit einer breiten Datenbasis und wenigen relevanten Entscheidungsdeterminanten arbeitet und eine Rangfolge der Geschäftspartner, entsprechend ihres Risikopotentiales, erstellt.[189] Die Auswahl und Gewichtung der Determinanten bleibt für alle beurteilten Engagements gleich, wodurch Vergleichbarkeit gewährleistet wird.

Als problematisch stellt sich heraus, daß zwar das verwendete Datenmaterial objektiv ist, jedoch durch die Erstellung der Algorithmen subjektiver Einfluß auf die Gewichtung der Faktoren genommen wird. In diesem Sinne kann von einem objektiven System nicht die Rede sein. Darüber hinaus muß in Betracht gezogen werden, daß die individuellen Mitglieder einer homogenen Kundengruppe auch individuell auf Risikodeterminanten reagieren können und das vorgestellte System hier eine Verallgemeinerung anstellt.[190]

3.3.3 Aggregation

Solange die Ermittlung der Risikokennzahlen nur einzelne Geschäfts- oder Risikoarten berücksichtigt, wird noch keine Aussage über die Gesamtrisikolage der Unternehmung getroffen. Der Ursprung in verschiedenen Bereichen des betrieblichen Leistungsprozesses bedingt nicht zwangsläufig die Unabhängigkeit zwischen den Einzelrisiken. Es können Überlagerungs-, Verstärkungs- oder Kompensationseffekte auftreten, die sich das Risikomanagement zunutze machen kann bzw. steuern muß.[191]

Verschiedene Lösungsansätze basieren auf einer additiven Verknüpfung der zuvor gleichnamig[192] gemachten Risikopotentiale.[193] Diese Vorgehensweise wird jedoch der Realität nicht gerecht, da sie statistische Unabhängigkeit unterstellt und somit Korrelationseffekte außer acht läßt.[194] Voraussetzung für eine sinnvolle Aggregation ist aber, daß zwischen den Determinanten verschiedener

---

[188] Vgl. GERDSMEIER/KROB (1994), S. 474.
[189] Eine ausführliche Darstellung von Kreditscores bietet DISMAN (1995).
[190] Vgl. FÜRER (1990), S. 169; sehr ausführlich DORKA (1990), S. 42 ff.
[191] Vgl. BITZ (1993), S. 643.
[192] Um Einzelrisiken auf einen Nenner zu bringen, bietet sich die Umrechnung in Geldeinheiten an. Vgl. RÖLLER (1989), S. 58; BÖSL (1993), S. 49 f.
[193] Vgl. PROFESSORENARBEITSGRUPPE (1987).

Risiken Beziehungen bestehen. Schulte[195] differenziert diese Zusammenhänge nach:

- direkten Verbundwirkungen bei unmittelbarer Beziehung und

- indirekten Verbundwirkungen, bei denen Interdependenzen nicht berechenbar sind.

Im Falle direkter Verbundwirkungen kann durch die Auswertung empirischer Daten ermittelt werden, in welcher Weise der Zusammenhang in die Aggregation einzubeziehen ist. Für indirekte Verbundwirkungen gilt, daß bis zur Klärung der Interdependenzen keine Aggregationen unter Einbeziehung der betrachteten Determinanten durchgeführt werden sollten.

Die Risikoaggregation ist grundsätzlich in zwei Schritten zu vollziehen: Zuerst müssen alle einfließenden Einzelrisiken auf einen Endwert konsolidiert werden.[196] Diese sind dann in einem zweiten Schritt, entsprechend ihren Verbundwirkungen und in Abhängigkeit davon, ob es sich um eine Aktiv- oder Passivposition[197] handelt, mit den restlichen Risiken zu verknüpfen.[198] Daraus ergibt sich nach Erfassung aller relevanten Risiken eine realitätsnahe Abbildung der Gesamtrisikoposition[199] der Unternehmung.

Trotz der in der vorliegenden Literatur immer wieder aufgeworfenen Forderung nach einem umfassenden integrativen Risikomanagement[200] hat sich die betriebswirtschaftliche Forschung bisher wenig mit der Erfassung von Verbundwirkungen beschäftigt.[201] Vom heutigen Standpunkt aus bleibt daher zu bemerken, daß eine klare Eingrenzung der betrachteten Risikodeterminanten von besonderer Bedeutung ist. Es muß die Zusammenfassung von Risiken vermieden werden, deren Wertverläufe nicht in einer Weise korrelieren, die eine sinn-

---

[194] Vgl. BANGERT (1987), S. 218.

[195] Vgl. SCHULTE (1994), S. 46 f.

[196] Detaillierte Ausführungen hierzu finden sich u.a. bei HÖLSCHER (1987a), S. 524 ff.

[197] Vgl. KRUMNOW (1990), S. 112.

[198] Einen Ansatz liefert SCHULTE (1996), S. 229 ff. Zur Quantifizierung der Verbundwirkungen vgl. HÖLSCHER (1987a), S. 542 ff. bzw. SCHIERENBECK (1988), S. 50 ff.

[199] Die Gesamtrisikoposition einer Unternehmung ist "der zahlenmäßige Ausdruck, der sich aus der Verknüpfung der in gleichen Maßeinheiten zu erfassenden Meßgrößen der einzelnen Erfolgsrisiken ergibt." BÖSL (1993), S. 3.

[200] Vgl. stellvertretend BÜSCHGEN (1993), S. 261; PRIEWASSER (1994), S. 143 f; KOPP (1992), S. 3.

[201] Vgl. SCHULTE (1996), S. 6 f u. 224 ff.

volle Aggregation zuläßt. In einem solchen Fall würden fehlgesteuerte Siche-
rungsaktivitäten oder ein trügerisches Sicherheitsgefühl die Folge sein.

3.3.4 Prognosen

Eine **Prognose** ist die Vorhersage einer zukünftigen Entwicklung bestimmter
Sachverhalte.[202] Die Frage nach dem Sinn von Zins- und Kursprognosen wird in
der Literatur kontrovers diskutiert. In diesem Zusammenhang wird oftmals auf
die Informationseffizienz der Finanzmärkte verwiesen, wobei die Markteffizi-
enzhypothese eine wichtige Rolle spielt. Sie beschreibt Kriterien für die Infor-
mationsausbreitung auf den Märkten: Ein Markt gilt dann als informationseffizi-
ent, wenn in den Preisen zu allen Zeitpunkten sämtliche verfügbaren Informationen vollständig und richtig verarbeitet wurden.[203] Demnach sind in einem
effizienten Markt Informationen, die für eine bessere Prognose nötig wären als
sie der Terminmarkt abgibt, nicht vorhanden.[204]

Festzuhalten ist, daß, auch wenn die Frage nach der Informationseffizienz empirisch nicht abschließend geklärt ist, Kursprognosen in der Praxis breite Anwendung finden.[205] Ihre Bedeutung für ein effektives Risikomanagement liegt nicht
darin, daß zukünftige Entwicklungen bekannt sein müssen, sondern daß Entscheidungen auf der Basis sinnvoller Wahrscheinlichkeiten evaluiert werden
können.[206]

Neben der Ableitung von Handlungsvorgaben werden Prognosen im Risikomanagement eingesetzt, um festzustellen, wie sich der Wert der relevanten Portfolios im Falle verschiedener Marktentwicklungen verhält.

Ungeachtet o.g. Einschränkungen kommen verschiedene Prognosetechniken in
Banken und Nichtbanken zur Anwendung. Nachfolgend sollen die Fundamental-
und die technische Analyse sowie Szenariotechniken und rechnergestützte
Ansätze in Form von Expertensystemen und Künstlichen Neuronalen Netzen
vorgestellt werden:

---

[202] Vgl. SCHULTE (1996a), S. 312; BECKER (1995), S. 35.
[203] Vgl. NEUMANN/KLEIN (1982), S. 165; EALES (1995), S. 37.
[204] Vgl. PAUSENBERGER/GLAUM (1993), S. 777. Auf diese Problematik soll jedoch nicht
weiter eingegangen werden, da sie für den Kern der vorliegenden Arbeit nur marginal von
Interesse ist. Eine ausführliche Darstellung findet sich bei LEONI (1990), S. 46 ff.;
STEUER (1988), S. 117 ff.
[205] Vgl. PAUSENBERGER/GLAUM (1993), S. 778.
[206] Vgl. JOKISCH (1987), S. 54. WILD (1992), S. 413 weist in diesem Zusammenhang
darauf hin, daß de facto jede Anlageentscheidung mit einer Prognose verbunden ist.

Fundamentalanalytische Instrumente zur Erklärung der Preisbildung auf den Märkten fußen auf makroökonomischen Modellen. Im Rahmen der Wechselkursbestimmung wird vorrangig über die Interdependenzen von Zins, Inflationsrate und Realverzinsung argumentiert,[207] während Zinsprognosen ähnliche Ansätze verwenden, ergänzend aber auch die Einbeziehung von Markterwartungen und Präferenzen erlauben.[208] In die Grundmodelle können zur Erzielung einer höheren Prognosequalität weitere ökonomische Einflußfaktoren einbezogen werden.[209] Bisher gelang es allerdings nicht die Gültigkeit der fundamentalanalytischen Ansätze empirisch nachzuweisen.[210] Aufgrund der teilweise erheblichen Abweichung zwischen prognostizierten und tatsächlichen Kursen, sind die Ergebnisse der Fundamentalanalyse als Risikokennzahlen nur eingeschränkt, bspw. als Grundlage für Szenarien, verwertbar.

Die **technische Analyse** versucht, aus der Beobachtung historischer Kursschwankungen Schlußfolgerungen auf den zu erwartenden kurzfristigen Kursverlauf[211] zu ziehen. Ökonomische Variablen finden dabei keinen Eingang. Es ist zu beachten, daß es verschiedene Techniken gibt,[212] die kombiniert werden können, um eine bessere Prognose zu erhalten.[213] Das Hauptproblem der technischen Analyse liegt darin, daß vergangenheitsbezogene Daten extrapoliert werden und Sonderbewegungen daher keinen Eingang finden.

Unter einem **Szenario** versteht man die Beschreibung einer zukünftigen Situation und die Darstellung des Weges, der dorthin führt.[214] Es stellt eine hypothetische Aufeinanderfolge von Ereignissen dar, die zur Beachtung kausaler Zusammenhänge konstruiert wird. **Global-Szenarien** sind auf Veränderungen ausgerichtet, die ganze Branchen oder übergeordnete Bereiche betreffen. Dagegen zielen **firmenspezifische Szenarien** auf Situationen ab, bei denen nur die für das Unternehmen relevanten Faktoren betrachtet werden.[215] Im Sinne dieser

---

[207] Erläuterungen dieser Theorien finden sich z.B. bei SOLNIK (1996), FASTRICH/HEPP (1991) und sehr ausführlich bei LEONI (1990), S. 177 ff.

[208] Vgl. u.a. SÜCHTING (1995), S. 423 ff.; BEER/GOJ (1996), S. 156 ff.

[209] Vgl. LOISTL (1990), S. 201 ff. Eine ausführliche Darstellung mit besonderem Bezug auf den US-amerikanischen Markt findet sich bei SCHWARTZMANN (1992).

[210] Vgl. PAUSENBERGER/GLAUM (1993), S. 775 f; FILC (1992), S. 277 ff.

[211] Vgl. FASTRICH/HEPP (1991), S. 97.

[212] Vgl. BEIKE (1995), S. 113 ff.; sehr ausführlich auch LEONI (1990), S. 81 ff.

[213] Eine Darstellung der technischen Analyse bieten u.a. FASTRICH/HEPP (1991), S. 97 ff.; STEINER/BRUNS (1994), S. 275 ff.; LOISTL (1990), S. 69 ff.

[214] Vgl. REIBNITZ (1991), S. 14.

[215] Vgl. REIBNITZ (1991), S. 15.

Abgrenzung sind für die Risikosteuerung nur firmenspezifische Szenarien von Bedeutung, während Global-Szenarien als Hilfsmittel bei der Risikoanalyse eingesetzt werden können.

Im Bereich der Risikobewertung ist der Einsatz von Szenarien sinnvoll, die anhand qualitativer und quantitativer Aussagen die relevanten Portfolios bewerten bzw. Länderbeurteilungen durchführen. Bei **qualitativen Szenarien** stellt eine Gruppe verantwortlicher Entscheidungsträger verschiedene, subjektiv erwartete Kursentwicklungen auf, mit denen die vorhandenen Finanztitel bewertet werden.[216] In diese Sparte fallen auch Worst-Case[217] und Event-Szenarien[218]. **Quantitative Szenarien** basieren dagegen auf wahrscheinlichkeitstheoretischen Ansätzen, die analog dem bereits ausgeführten Value-at-Risk Konzept davon ausgehen, daß die Schwankungen der Underlyings einer Normalverteilung folgen. Aufgrund dieser Annahme können die Auswirkungen auf die zu bewertenden Portfolios bei unterschiedlich wahrscheinlichen Veränderungen errechnet werden.[219]

Expertensysteme[220] (XPS) haben als Teilgebiet der Künstlichen Intelligenz ihren Ursprung in der Informatik.[221] Sie stellen wissensbasierte Problemlösungssysteme dar, die durch Analyse von gespeichertem Wissen und anwendungsspezifischen Daten die Arbeit eines Experten zumindest teilweise übernehmen können.[222] Solche Systeme sind in der Lage große Mengen auch vagen oder unstrukturierten Wissens in problembezogener Weise auszuwerten, was sie von üblichen Softwareprodukten unterscheidet, die anhand "sicherer" Daten zu ihrer Problemlösung finden.[223] Da XPS ihre besten Erfolge erzielen, wenn das verwendete Know-how aus möglichst formalisierbarem Wissen eines abgegrenzten Fachgebietes besteht, eignen sie sich für den unterstützenden Einsatz in der Insolvenz-, Zins- und Kursprognose.[224]

---

[216] Vgl. BEER/GOJ (1996), S. 168.

[217] Vgl. KOPP (1992), S. 44 ff.; PLOEMACHER/HAMM (1996).

[218] Event-Szenarien betrachten die Auswirkungen bestimmter Ereignisse (bspw. Fall der Berliner Mauer).

[219] Vgl. DEUTSCH (1996), S. 127 f.

[220] Der Name "Expertensystem" leitet sich von der verwendeten Wissensbasis her, die das problembezogene Wissen mindestens eines Experten auf diesem Gebiet umfassen soll. Vgl. PUPPE (1995), S. 74.

[221] Vgl. BAGUS (1992), S. 21.

[222] Vgl. BAGUS (1992), S. 22.

[223] Eine umfassende Auflistung von Unterschieden bietet BAGUS (1992), S. 24.

[224] Vgl. BAGUS (1992), S. 28 f. Bereits realisierte Systeme behandelt BRÜNA (1991),

Als jüngste der genannten Methoden sollen abschließend die **Künstlichen Neuronalen Netze** (KNN) vorgestellt werden. Hier handelt es sich um mathematische Theorien, die zunächst für die Beschreibung biologischer Prozesse entwickelt und später auch zur Analyse weiterer komplexer nichtlinearer Systeme eingesetzt wurden.[225] In der Ökonomie sind als Anwendungsgebiete Aufgabenfelder denkbar, für die kein oder nur unzureichendes deskriptives Wissen zur analytischen Problemlösung zur Verfügung steht, wodurch der Einsatz konventioneller Algorithmen ausgeschlossen oder zumindest eingeschränkt wird.[226] Beispiele hierfür sind insbesondere Kurs- und Zinsprognosen, sowie Bonitätsanalysen.[227] KNN versuchen dabei, in der Entscheidungsfindung den menschlichen Denkprozeß mathematisch nachzubilden. Sie besitzen Lernfähigkeit gegenüber variierenden Problemfeldern und Approximationsfähigkeit bei nur rudimentärem Datenmaterial.[228] Diese Fähigkeiten qualifizieren sie für Aufgaben, die von konventionellen Verfahren zumeist nur mit unbefriedigenden bzw. unvollkommenen Ergebnissen bearbeitet werden können. Der Einsatz von KNN für ökonomische Problemstellungen läßt zwar eine Verbesserung der Prognosequalität erwarten,[229] ist den abschließenden Beweis aber bis heute schuldig geblieben. Verwertbare Ergebnisse liegen allenfalls für die kurzfristige Disposition vor,[230] wobei im Bereich der Wechselkursprognose die besten Erfolge erzielt werden.[231] Ein steter Kritikpunkt bleibt nach wie vor die Tatsache, daß das KNN große Datenmengen zu einer Kennzahl verarbeitet, der Entscheidungsweg selbst aber nicht transparent und in vielen Fällen auch nicht einleuchtend ist.[232]

S. 53 ff., während ZHANG/SCHWARZE (1995), S. 135 und DUBE (1995a), S. 426, die Zukunft der Expertensysteme kritisch beurteilen.

[225] Vgl. ZIMMERMANN (1994), S. 3.

[226] Vgl. REHKUGLER/KERLING (1995), S. 306.

[227] Verschiedene Möglichkeiten des Einsatzes zur Prognose stellt KRAUSE (1993), S. 64 ff. dar, ausführlich auch FÜSER (1995), S. 116 ff.

[228] Vgl. DIETZ/FÜSER/SCHMIDTMEIER (1996), S. 523 u. 525.

[229] Vgl. die Ausführungen von ZIMMERMANN (1994), S. 3 ff.

[230] Vgl. u.a. BAUN (1994), S. 192; PODDING (1994), S. 286 f.

[231] Vgl. u.a. PODDING/WALLEM (1994), S. 332 f.

[232] Vgl. BAETGE (1993), S. 215.

3.4 Risikosteuerung

3.4.1 Risikovermeidende Maßnahmen

Risikovermeidende Maßnahmen haben das Ziel, eine offene Position gar nicht erst entstehen zu lassen. Sie stellen einen Eingriff in die Modalitäten des Grundgeschäftes[233] dar. Wird ein Geschäft aufgrund der damit verbundenen Risiken nicht durchgeführt, ist dies eine risikovermeidende Maßnahme. Weitere Möglichkeiten sind Matching und Immunisierungsstrategien. Diese Aktivitäten sind eine kostengünstige Form der Risikobegrenzung, da keine Rechte erkauft werden müssen und folglich neben dem administrativen Aufwand keine expliziten Kosten anfallen.

Unter dem Begriff **Matching** versteht die Finanzwirtschaft die "[...] *aktive, zeitbezogene und betragsmäßige Strukturierung von Zahlungsströmen".*[234] Ziel dieser Strukturierungsmaßnahmen ist es, einen betrags- und zeitkongruenten Ausgleich von Zahlungsströmen zu schaffen und die damit verbundene Vermeidung von Zins- bzw. Wechselkursrisiken.[235]

Internationale Unternehmungen, die durch vielfältige grenzüberschreitende Zahlungsströme gekennzeichnet sind,[236] können im Devisenbereich vergleichsweise einfach ein Exposure von Null erhalten, wenn einer Zahlungsforderung eine -verpflichtung in gleicher Höhe und Währung mit gleichem Fälligkeitstermin gegenübergestellt werden kann. Aus Sicht der Unternehmung heben sich beide Risiken auf, es besteht keine offene Position mehr.[237] Der Zinsbereich ist grundsätzlich analog zu behandeln.

Für eine Nichtbank läge ein perfekter Match bspw. dann vor, wenn der Erwerb eines kuponlosen Finanztitels[238] in Höhe der Zahlungsverpflichtung mit Fälligkeit am Zahlungstermin möglich ist. Diese Anlage wäre frei von Zinsrisiken, da

---

[233] Als Grundgeschäft (Primäraktivität) soll im folgenden eine Handlung aus dem originären Geschäftsfeld der Unternehmung verstanden werden. Maßnahmen der Risikosteuerung sind als Sekundäraktivitäten zu werten, die die Primäraktivitäten modifizieren können. Vgl. BITZ (1993), S. 651.

[234] GREBE (1993), S. 40.

[235] Vom Bonitätsrisiko sei hier abgesehen. Dem Matching vom Konzept her gleich ist das sog. **Netting**. Der Unterschied besteht darin, daß sich Netting innerhalb einer Unternehmung vollzieht und daher keine Bonitätsrisiken auftreten (ausführlich dargestellt in HEIDORN/ BRUTTEL (1993), S. 14 ff.).

[236] Vgl. PAUSENBERGER/GLAUM (1993), S. 777.

[237] Vgl. GREBE (1993), S. 40.

[238] Nullkuponanleihe oder auch Zero-Bond.

aufgrund der Abzinsung des Papiers und der Zahlungsverpflichtung bei Fälligkeit kein Wiederanlagerisiko besteht. Das Ergebnisrisiko wäre ebenfalls nichtig, wenn die Anlage nicht vor Fälligkeit aufgelöst wird.

Aus Sicht eines Kreditinstitutes ist optimales Matching gegeben, wenn Ausleihungen und Einlagen die gleiche Betrags- und Fristenstruktur aufweisen. Darüber hinaus müßten beide Bilanzseiten vom gleichen Zinssatz bzw. der gleichen Zinsstruktur abhängig sein. Sonst könnten Zinsänderungen unterschiedliche Kursänderungen auf der Aktiv- und Passivseite auslösen.[239]

Während Matching auf eine vollständige Aufhebung des Risikos abzielt und sowohl zur Reduktion des Wechselkursrisikos als auch des Zinsänderungsrisikos eingesetzt werden kann, wird bei der **Immunisierung** lediglich das Zinsänderungsrisiko eines Rentenportfolios auf einen festgelegten Zeitpunkt hin eliminiert. Unter Einsatz der Duration können Rentenportfolios gegen Zinsänderungen immunisiert werden, wenn die Duration der verbleibenden Anlageperiode entspricht.[240] Aufgrund des Kompensationseffektes zwischen Wiederanlage- und Ergebnisrisiko ist ein Finanztitel auf den Zeitpunkt der Duration hin für Veränderungen des Marktzinsniveaus nicht anfällig.[241] Für diese zinsimmune Anlagestrategie ist keine Zinsprognose erforderlich.[242] Durch die Additivitätseigenschaft der Duration ist es möglich, ein Portfolio so zu strukturieren, daß die Duration des gesamten Portfolios mit dem Anlagehorizont der Unternehmung zusammenfällt. Dafür müssen nicht alle Wertpapiere im Portfolio die gleiche Duration haben. Der gewünschte Wert kann auch durch entsprechende Gewichtungen von einzelnen Portfoliobestandteilen erreicht werden.[243] Der Idealfall einer vollständigen Immunisierung ist unter realen Bedingungen kaum zu erreichen. Grund dafür ist v.a. die mangelnde Zeitstabilität der Duration, die eine ständige Umstrukturierung des Portfolios erfordern würde.[244] Auch wenn dieser Kritikpunkt in Betracht gezogen wird, kommt Bessler bei einer Auswertung verschiedener empirischer Studien zu dem Schluß, daß "[...] *mit der Du-*

---

[239] Vgl. GREBE (1993), S. 40 f.
[240] Vgl. BESSLER (1987), S. 68.
[241] Eine ausführliche mathematische Herleitung sowie den Vergleich verschiedener Immunisierungstheoreme bieten BESSLER (1987), S. 69 ff.; BUSSMANN (1988), S. 100 ff.
[242] Vgl. BRÄUTIGAM/ELLER (1990), S. 100.
[243] Vgl. GRAMLICH/WALZ (1991), S. 331.
[244] Vgl. GRAMLICH/WALZ (1991), S. 331; BESSLER (1987), S. 82.

ration gute Ergebnisse erzielbar sind".[245] Laut Wertschulte hat dieses Konzept "*[...] bereits erhebliche Anwendung im Rahmen des Managements von Rentenportefeuilles gefunden.*"[246]

3.4.2 Risikovermindernde Maßnahmen

Risikovermindernde Maßnahmen setzen dort an, wo die Unternehmung bereit ist Risiken einzugehen, das potentielle Schadensrisiko aber reduzieren möchte.[247] Relevante Konzepte sind das Diversifikationskonzept sowie Limitsysteme, darüber hinaus auch Aspekte der Besicherung von Finanzanlagen. Diese Maßnahmen begrenzen die Primäraktivitäten der Unternehmung in der Weise, daß sie die freie Auswahl der Finanztitel einschränken, um dadurch eine Risikoreduktion zu erzielen.

Mit der Verminderung von Risiken in Gesamtpositionen durch Investition in unterschiedliche Finanztitel beschäftigt sich das bereits 1959 von Markowitz entwickelte Konzept der **Diversifikation**.[248] Aus diesem resultieren drei Folgerungen:[249]

1. Während der Gewinn eines Portfolios gleich dem gewichteten Durchschnitt der Gewinne der enthaltenen Finanztitel ist, beträgt das Risiko[250] des Portfolios weniger als den gewichteten Durchschnitt der Risiken der einzelnen Finanztitel.

2. Das Risiko des Portfolios wird geringer, je geringer die enthaltenen Finanztitel untereinander korreliert sind.

3. Das Risiko eines Finanztitels beinhaltet zwei Komponenten, das systematische und das unsystematische Risiko.[251]

Aus der Anwendung des Diversifikationsgedankens ergibt sich, daß solche Finanztitel in ein Portfolio eingestellt werden, deren Kursbewegungen möglichst negativ korrelieren. Je geringer die Kovarianz zweier Instrumente ist, desto besser ist der Diversifikationseffekt. Unter Risiko- und Renditegesichtspunkten

---

[245] BESSLER (1987), S. 85.
[246] WERTSCHULTE (1989), S. 108.
[247] Vgl. FÜRER (1990), S. 69.
[248] Vgl. GREBE (1993), S. 54.
[249] Vgl. BECKERS (1996), S. 172.
[250] Risiko sei in diesem Zusammenhang die Standardabweichung.
[251] Das unsystematische Risiko ist einzelwirtschaftlich bzw. titelspezifisch, während das systematische Risiko marktinhärent ist (vgl. STEINER/BRUNS (1994), S. 47 f.).

läßt sich ein effizientes Portfolio erzeugen, das bei gegebenem Risiko die höchste Rendite bzw. das niedrigste Risiko für eine gegebene Rendite erwarten läßt. Dies ist insbesondere im Bereich der Finanzanlagen von Bedeutung, kann aber auch bei der Planung von Kreditportfolios eingesetzt werden.[252] Ebenfalls in diesem Geschäftsfeld angesiedelt ist der Diversifikationseffekt von Konsortialkrediten.[253]

Das Hauptproblem bei der Anwendung von Diversifikationskonzepten liegt darin, daß diese vergangenheitsbezogene Daten in die Zukunft extrapolieren und daher nur stichhaltig sind, wenn "[...] *past history repeats itself*".[254]

Ein **Limit** stellt eine Grenze dar, die nicht über- bzw. unterschritten werden darf. Im Risikomanagement geschieht dies i.d.R. durch die Vorgabe eines Höchstwertes, bezogen auf eine Kennzahl oder einen Bestand, der nicht überschritten werden darf. Dadurch gibt die Unternehmung den Wert vor, der die Höhe des Verlustes widerspiegelt, den sie in einer vorgegebenen Periode maximal zu tragen bereit ist.

Ein **Bestandslimit** begrenzt die Nominalbeträge, die in einen Finanztitel investiert werden dürfen. Da Nominalbestände nur eingeschränkt Aussagen über das mit einem Wertpapier verbundene Marktrisiko erlauben, kann dieses durch Bestandslimitierungen kaum begrenzt werden.[255] In bezug auf das Ausfallrisiko kann eine Nominalbegrenzung dagegen sehr wohl sinnvoll sein. Hier wird, unabhängig von der Ausstattung des jeweiligen Wertpapiers, das Volumen der Geschäfte mit einem Kontrahenten quantitativ begrenzt (**Kontrahentenlimit**). Analog dazu schränken **Länderlimits** die Geschäfte mit einem Staat als Kreditnehmer ein.

Unter Diversifikationsgesichtspunkten sind Limits denkbar, die auf geographischen oder politischen Gesichtspunkten[256] beruhen oder, im Fall von Unternehmen, die jeweilige Branche einbeziehen.[257]

---

[252] Vgl. KERN (1987).
[253] Vgl. FÜRER (1990), S. 187.
[254] EALES (1995), S. 14.
[255] Vgl. SCHARPF/LUZ (1996), S. 117.
[256] Im Bereich des Länderrisikos scheint eine Bildung von sog. "Ländergruppen" sinnvoll, um multinationale Abhängigkeiten zu erfassen (z.B. OPEC-Länder).
[257] Vgl. FÜRER (1990), S. 182, PROFESSORENARBEITSGRUPPE (1987), S. 299.

Es ist zu überlegen, das Länderlimit als übergeordnete Instanz dem Kontrahentenlimit gegenüber ausländischen Geschäftspartnern voranzustellen. So würde ein sog. Sublimitsystem geschaffen, welches dafür sorgt, daß auch bei weltumspannenden Aktivitäten stets das Kontrahentenlimit in Abstimmung mit dem Länderlimit eingehalten wird.[258]

Eine Unterform der Kontrahenten- bzw. Länderlimits stellen die **Bonitätslimits** dar, die das Volumen der Ausleihungen an das Rating der jeweiligen Anleihe bzw. des jeweiligen Kreditnehmers binden. Geissmann hält die Anknüpfung an Ratings für "*untauglich*"[259], während m.E. dieser Ansatz für Unternehmungen, die keine eigenen Analysen durchführen können, durchaus gerechtfertigt sein kann.

Alle Limitierungen müssen im Hinblick auf eine mögliche Bonitätsänderung der Schuldner turnusgemäß überprüft und ggf. angepaßt werden. Es kann auch eine Überprüfung bei jedem neuen Engagement sinnvoll sein.[260]

Ein **Kennzahlenlimit** basiert auf der Vorgabe der Maximalhöhe bzgl. einer Kennzahl. Im Zinsbereich bspw. bietet sich der PVBP an. Eine Vorgabe in Form des maximalen PVBP innerhalb eines zu definierenden Zeitintervalls würde den maximalen Wertverlust des Portfolios bei Zinsänderung um einen Basispunkt vorgeben. Auf diese Weise hat der Manager des Zinsportfolios freie Hand bei der Auswahl der Papiere und erreicht gleichzeitig eine zielgerichtete Steuerung der Marktrisiken. Der PVBP erweist sich aufgrund seiner konzeptionellen Vorzüge gegenüber traditionelleren Risikomaßen, wie Restlaufzeit oder Nominalbetrag, als ein risikoadäquateres Steuerungs- und Limitsystem.[261]

Ein neueres Konzept der Limitierung ist das sog. **Risikokapital**.[262] Es basiert auf einem von der Geschäftsleitung beschlossenen Betrag, der in einer festgelegten Periode durch das Eingehen zusätzlicher Risiken[263] maximal verloren werden darf. Diesem Risikokapital werden Gewinne und Verluste börsentäglich zu- bzw. abgeführt. Unter Vorsichtsaspekten wäre eine Verminderung der

---

[258] Vgl. GEISSMANN (1991), S. 180 ff.
[259] GEISSMANN (1991), S. 174.
[260] Vgl. hierzu FÜRER (1990), S. 182 ff.
[261] Vgl. DAUBE/TAKE (1994), S. 225.
[262] Vgl. DAUBE (1995), S. 16.
[263] Unter zusätzlichen Risiken sind Geschäfte zu verstehen, die mit einem höheren Risikofaktor behaftet sind als die jeweilige Benchmark (DAX, REX etc.). Vgl. STRÖHLEIN (1996), S. 26 f.

Gewinnzuführung auf 50% der aufgelaufenen Gewinne denkbar. Innerhalb dieses Konzeptes ist der Portfoliomanager frei in der Disposition der eingesetzten Wertpapiere. Ist das Risikokapital aufgezehrt, können nur noch Handlungen vorgenommen werden, die kein zusätzliches Risiko bedeuten. Die Zuteilung des Risikokapitals an die einzelnen Händler, Abteilungen o.ä. wird nach einem Verfahren der Kapitalallokation unter Rentabilitätsgesichtspunkten vorgenommen.

Über die Art der Ermittlung der Limits hinaus müssen noch ein weiterer Gesichtspunkt bedacht werden: Die Frage, wie Limitkapazitäten grundsätzlich zu vergeben sind. Bspw. könnte ein Kreditinstitut im Handelsbereich die maximal zulässigen overnight-Limits[264] pro Händler, pro Handelstisch oder auch pro Abteilung zuteilen. Je "höher" dabei organisatorisch angesetzt wird, desto eher können Kompensationseffekte aus gegenläufigen Positionen in die Rechnung einbezogen werden. Wie die endgültige Zuweisung vorgenommen wird, ist stark von der Organisation der betrachteten Unternehmung abhängig und kann daher nicht generell betrachtet werden.

Abschließend soll darauf hingewiesen werden, daß Limitsysteme nur Handlungsempfehlungen darstellen können und möglichst im Zusammenhang zu betrachten sind. Die Verwendung verschiedener, sinnvoll aufeinander abgestimmter Systeme ermöglicht dem Portfoliomanager größtmögliche Flexibilität und stellt gleichzeitig ein mehrstufiges bzw. mehrseitiges Warnsystem dar.[265]

Speziell im Kreditgeschäft wird das Bonitätsrisiko gemeinhin durch die Hereinnahme von **Sicherheiten** beschränkt.[266] Im Falle von Kreditvergaben an fremde Staaten entfällt diese Möglichkeit grundsätzlich.[267] Da die Verwertung von Sicherheiten - soweit überhaupt möglich - sehr aufwendig und dazu selbst mit Risiken, wie der Fehleinschätzung des Wertes etc., behaftet ist, stellen sich weitergehende Sicherungsmaßnahmen als sinnvoll heraus.

---

[264] Overnight meint eine Periode der Handlungsunfähigkeit. Üblicherweise von Geschäfts-schluß über Nacht bis Geschäftsbeginn am nächsten Morgen.

[265] Es sind weitere Formen der Limitierung denkbar, die insbesondere der Feinsteuerung dienen. Auf diese soll jedoch nicht näher eingegangen werden, da sie sich zu eng an den besonderen Bedürfnissen der jeweiligen Unternehmung orientieren. Vgl. VIERMETZ (1984), S. 84 ff.

[266] Ausführlich dargestellt in BERNSTORFF (1994), S. 167 ff.

[267] Vgl. RÖLLER (1989), S. 22.

Besonders im internationalen Kreditgeschäft ist die Übernahme von Risiken durch **Bürgschaften** und **Garantien** internationaler Organisationen oder des Staates ein Mittel zur Risikobegrenzung.[268] Hier soll, oftmals politisch motiviert, der Handel mit Geschäftspartnern ermöglicht werden, der andernfalls an der Bonität des Kontrahenten scheitern würde.[269] Wenn das Bonitätsrisiko schlagend wird, kann der Gläubiger den Bürgen oder Garanten zur Deckung seiner Außenstände in die Pflicht nehmen. Bürgschaften und Garantien sind auch im nationalen Kreditgeschäft möglich und üblich.[270]

3.4.3 Risikokompensierende Maßnahmen

Risikokompensierende Maßnahmen basieren darauf, durch die Kombination bestehender oder die Hinzunahme weiterer Einzelrisiken eine günstigere Gesamtrisikoposition zu erzeugen. Das Konzept fußt dabei auf den kompensatorischen Wirkungen der Einzelrisiken: Verluste und Gewinne aus verschiedenen Einzelrisiken gleichen sich in der aggregierten Gesamtposition gegenseitig aus.[271] Wenn beide Positionen möglichst vollständig negativ korreliert sind, minimiert sich das Risiko,[272] dadurch erfolgt eine Begrenzung möglicher negativer Zielabweichungen.[273] Die abzusichernden Grundgeschäfte bleiben von diesen Maßnahmen gänzlich unberührt, es findet kein Eingriff in die Primäraktivitäten statt.

Wichtigstes Konzept in diesem Zusammenhang ist das **Hedging**, der Aufbau einer betrags- und fristenkongruenten Gegenposition.[274] Wird eine fällige Position durch ein anderes Geschäft ausgeglichen, besteht kein Risiko mehr, die Position ist geschlossen. Eine vollständige Aufhebung von Gewinn- und Verlustmöglichkeiten wird als **perfekter Hedge** bezeichnet.[275] Dieser wird in der Unternehmenspolitik jedoch die Ausnahme bleiben, da der Aufbau eines solchen Hedges mit hohen Transaktionskosten verbunden ist, die die Gewinnspanne aus dem Grundgeschäft nachhaltig verschlechtern oder sogar aufzehren können. Zwischen den beiden Extrema des perfekten Hedges und der vollständigen

---

[268] Vgl. FÜRER (1990), S. 187.
[269] Vgl. SÜCHTING (1995), S. 221 f.
[270] Vgl. SÜCHTING (1995), S. 217; BERNSTORFF (1991), S. 76 ff.
[271] Vgl. SCHEUENSTUHL (1992), S. 30.
[272] Vgl. JOKISCH (1987), S. 26.
[273] Vgl. GREBE (1993), S. 48 und 51.
[274] Vgl. SCHEUENSTUHL (1992), S. 31.
[275] Vgl. BÜSCHGEN (1988), S. 32.

Risikoübernahme ohne Hedging[276] sind verschiedene graduelle Abstufungen denkbar.[277] Diese Möglichkeit des teilweisen Hedgings wird auch als **selektives Hedging** bezeichnet.[278] Neben der angesprochenen Kostenersparnis kann es genutzt werden, um im Fall einer für die Unternehmung positiv prognostizierten Entwicklung des zugrundeliegenden Wertes die Möglichkeit auf Kursgewinne zu wahren.

Abhängig davon, ob die Unternehmung zum Aufbau der Gegenposition einen Kauf oder Verkauf eingeht, unterscheidet man zwischen einem **Short-** und einem **Long-Hedge**.[279] Weiterhin sind **Mikro-** und **Makro-Hedge** zu differenzieren, je nach dem, ob ein spezielles Geschäft gehedged werden soll (Mikro) oder ob sich die Aktion auf eine Gesamtposition bezieht (Makro).[280] Darüber hinaus wird von einem **Natural-Hedge** gesprochen, wenn zwei Positionen in einer Weise korreliert sind, daß sich ihre Risiken gegenseitig aufheben, ohne daß Handlungsbedarf für das Risikomanagement entstanden ist.[281]

Zum Aufbau der Gegenpositionen können Kreditaufnahmen oder Geldanlagen sowie derivative Finanzinstrumente eingesetzt werden. Letztere eignen sich besonders, da sie eines geringeren Kapitaleinsatzes bedürfen und keinen Einfluß auf das Aktiv/Passiv Management nehmen. Des weiteren können durch Kombinationen der verschiedenen Grundbausteine praktisch alle denkbaren Cash Flows synthetisch nachgebildet werden. Neben den beschriebenen finanzwirtschaftlichen Möglichkeiten kann Hedging auch durch den Aufbau von materiellen Vermögenspositionen, einen sog. **Bestandsaufbau**, betrieben werden.[282] So könnte bspw. eine zukünftige Zahlungsverpflichtung in Fremdwährung durch eine Anlage des abgezinsten Betrages auf den Fälligkeitstermin ausgeglichen werden. Zins- und Wechselkursrisiken wären auf diese Weise eliminiert.[283]

---

[276] Ein solches Vorgehen ist für Unternehmen ohne bedeutende Exposures zu vertreten. Es wird argumentiert, daß sich Risiken und Chance auf lange Frist gesehen ausgleichen, wobei dies gleichbleibende Transaktionsvolumina unterstellt. Vgl. LIEPACH (1993), S. 28.

[277] Diese sollen als "Sicherungsgrad" definiert werden: Der Anteil des Nominalwertes eines Geschäftes, dem eine Sicherungsmaßnahme gegenübersteht (analog zu BAILEY/NG/STULZ (1995), S. 105).

[278] Vgl. PAUSENBERGER/GLAUM (1993), S. 777.

[279] Vgl. RUDOLPH (1995), S. 15; GREBE (1993), S. 52 f.

[280] Vgl. RUDOLPH (1995), S. 15 f.; HEIDORN/BRUTTEL (1993), S. 132.

[281] Vgl. MARSHALL/KAPNER (1993), S. 184; HEIDORN/BRUTTEL (1993), S. 104.

[282] Vgl. FROOT (1995).

[283] Eine Vielzahl von praktischen Beispielen für das Hedging verschiedenster Risiken finden sich bei WUNNICKE/WILSON/WUNNICKE (1992), S.67 ff.

Anzumerken bleibt, daß im Bereich der Marktrisiken die Qualität der Kennzahlen ein Niveau erreicht hat, daß durch Hedgingoperationen ein relativ präziser Risikoausgleich möglich wird. Im Bereich der Bonitätsrisiken sind die Meßzahlen nicht von gleicher Güte, so daß die Risikosteuerung hier weniger präzise ausfällt.[284]

3.4.4 Risikoabwälzung

Das risikopolitische Instrumentarium der Risikoabwälzung dient dem Zweck, bereits vor Eintritt einer möglichen Störung sicherzustellen, daß ein Dritter die daraus resultierenden Folgen zu tragen hat.[285] Die zugrundeliegenden Primäraktivitäten bleiben grundsätzlich unberührt.

Das klassische Mittel hierzu stellt die **Versicherung** dar. Die Unternehmung zahlt ein Entgelt an den Versicherer, der sich im Gegenzug zur Übernahme des Risikos bereit erklärt.[286] Durch einen derartigen Abschluß kann eine Sicherheitssituation herbeigeführt werden, bei der das erwartete Ergebnis mit einer Wahrscheinlichkeit von 1 eintreten wird. Dieser Fall einer perfekten Versicherung wird allerdings nur unter Zahlung einer Prämie zu erreichen sein, die den Erwartungswert einer möglichen Entschädigung übersteigt.[287] Analog zu einem perfekten Hedge wird diese Möglichkeit unter Kostengesichtspunkten weitgehend irrelevant. Rational handelnde Versicherungsnehmer werden sich für einen Versicherungskontrakt mit Selbstbeteiligung entscheiden.[288]

Versicherungen können für alle Risiken im betrieblichen Leistungsprozeß abgeschlossen werden. Im Bereich der finanzwirtschaftlichen Risiken haben insbesondere die Kreditversicherungen Bedeutung erlangt. Ihr Zweck ist es, die Unternehmung vom Ausfallrisiko zu befreien.[289] Um den internationalen Handel mit Staaten oder Geschäftspartnern geringer Bonität zu ermöglichen, übernimmt die Bundesrepublik Deutschland sog. Ausfuhrgewährleistungen, die neben dem Ausfallrisiko auch das politische Risiko absichern.[290]

---

[284] Vgl. KRÜMMEL (1988), S. 16.
[285] Vgl. SCHEUENSTUHL (1992), S. 29.
[286] Vgl. GREBE (1993), S. 48 f.
[287] Vgl. SCHEUENSTUHL (1992), S. 29.
[288] Vgl. SCHEUENSTUHL (1992), S. 29.
[289] Vgl. BITZ (1993a), S. 296 f.; FÜRER (1990), S. 197 f.; BERNSTORFF (1994) S. 135 ff.
[290] Sehr ausführlich in BERNSTORFF (1991) S. 191 ff.

Eine weitere Form der Risikoabwälzung ist der Verkauf von Forderungen. Unter den Begriffen **Factoring** und **Forfaitierung** versteht man die Übernahme des Bonitätsrisikos durch einen Dritten. Durch Zahlung einer Prämie bzw. eines Abschlags tritt der Gläubiger die Rechte an der Forderung an einen Dritten ab und erhält dafür die sofortige Vergütung des Forderungswertes.[291]

Darüber hinaus kann auch die **Securitization**, die Verbriefung von Forderungen,[292] eine Form der Risikoabwälzung darstellen. Sie ermöglicht es v.a. Finanzintermediären sich von Krediten zu trennen, indem diese marktgängig gemacht und verkauft werden. Durch den aktiven Handel mit Krediten unterschiedlicher Laufzeit, Verzinsung und Bonität kann sich die Unternehmung ein Kreditportfolio aufbauen, das ihrer Risikopräferenz entspricht, oder unter Diversifikationsgesichtspunkten ein bestehendes Portfolio umstrukturieren. So kann, im Vergleich zu der althergebrachten Methode einer veränderten Neukreditvergabepolitik, eine flexiblere Anpassung an Änderungen der Geschäftspolitik erfolgen. Als weiterer Vorteil ist die Ausnutzung komparativer Kostenvorteile anzuführen. Akquisitionsstarke Kreditinstitute könnten durch die Trennung von Akquisition und Kreditvergabe die Margen von mehr Krediten vereinnahmen, als sie Ausleihungen nach dem KWG vornehmen dürften.[293]

3.4.5 Risikoübernahme

Fast alle Maßnahmen zur Risikosteuerung sind mit Kosten verbunden. Diese vermindern die Prämie, die die Unternehmung für die Übernahme eines Risikos erhält. Primär kann es aus zwei Gründen lohnend sein, keine Maßnahmen zur Steuerung zu ergreifen, sondern das Risiko ungesichert zu übernehmen und im Gegenzug eine nicht reduzierte Risikoprämie zu vereinnahmen:[294]

1. Das eingegangene Risiko wird als gering eingestuft, eine Gegenmaßnahme scheint nicht notwendig.[295]

2. Das eingegangene Risiko ist von bedeutender Größe, leistet aber im Verbund mit anderen Einzelrisiken einen Beitrag zur Risikoverminderung.

---

[291] Eine ausführliche Erläuterung von Factoring und Forfaitierung bieten u.a. BITZ (1993a), S. 62 ff.; HAHN (1993); BERNSTORFF (1994), S.75 ff.
[292] Vgl. u.a. SCHULTE (1996), S. 1; MANNAN (1996).
[293] Vgl. RÖLLER (1989), S. 25 ff.
[294] Vgl. BITZ (1993), S. 652.
[295] Vgl. auch PAUSENBERGER/GLAUM (1993), S. 777, die diese Vorgehensweise als "passive Strategie" bezeichnen.

Falls es keine Möglichkeit zur Ergreifung von Steuerungsmaßnahmen gibt, muß die Geschäftsleitung entscheiden, ob das Geschäft trotz der damit verbundenen Risiken durchgeführt werden soll.

3.5 Risikokontrolle

Die Risikokontrolle stellt die letzte Stufe innerhalb des Risikomanagementprozesses dar. Sie überwacht die Effizienz der Risikosteuerung, stellt evtl. Abweichungen fest und analysiert deren Ursachen.[296]

Die Verantwortung der Risikokontrolle bezieht sich dabei grundsätzlich auf zwei Zeitabschnitte bzgl. eines Geschäftes. Zum einen überwacht sie ein **Grundgeschäft mit der entsprechenden Sicherungsmaßnahme bis zur Fälligkeit.** Werden unerwartete Abweichungen innerhalb der Risikosteuerung entdeckt, müssen eine Ursachenanalyse eingeleitet und Gegensteuerungsmaßnahmen erarbeitet werden, so daß der akute Schaden begrenzt und gleichzeitig ein erneutes Auftreten verhindert werden kann. Zum anderen findet eine **abschließende Beurteilung** der Sicherungsmaßnahmen ex post statt. Die Wirtschaftlichkeit eines Hedges kann z.B. als Verhältnis von Gewinn/Verlust der Sicherungsmaßnahme zu Gewinn/Verlust der Kassaposition ermittelt werden. Denkbar wäre auch eine Beurteilung anhand der prozentualen Verminderung der prognostizierten von der tatsächlichen Preisentwicklung. Diese Form der Kontrolle hinterfragt, ob tatsächlich die für die Unternehmung gewinnmaximierende Strategie gewählt wurde.[297] Dabei muß allerdings bedacht werden, daß eine ex post Analyse unter Sicherheit erfolgt, während die ursprüngliche Entscheidung unter Unsicherheit getroffen wurde. Zur angemessenen Beurteilung der Wirtschaftlichkeit der getroffenen Sicherungsmaßnahmen bieten sich daher Durchschnittsbetrachtungen an, die die Ergebnisse verschiedener vorgegebener Sicherungsgrade mit dem tatsächlich erzielten vergleichen.[298]

Eine weitere Aufgabe, das sog. **Back-Testing**, liegt darin zu prüfen, ob die tatsächlich eingetretenen Ergebnisse im Rahmen des eingesetzten Konfidenz-

---

[296] Vgl. SCHIERENBECK (1994), S. 514.
[297] Vgl. SCHEUENSTUHL (1992), S. 139.
[298] Vgl. FINARD/STOCKE (1996), S. 83; KORTE (1992), S. 203 f.

intervalls lagen.[299] Die eingesetzten Korrelationen sind kritisch zu betrachten, ob die abgeleiteten Erwartungen tatsächlich in diesem Ausmaß eingetreten sind.[300]

Letztendlich hat die Risikokontrolle sicherzustellen, daß die eingesetzten Sicherungsmaßnahmen tatsächlich einen **Mehrwert** für die Unternehmung erzeugt haben. Sollte dies nicht der Fall sein, muß über andere Modelle, z.B. mit einem niedrigeren Sicherungsgrad, nachgedacht werden.

---

[299] Vgl. GROSS/KNIPPSCHILD (1995), S. 81.
[300] Ähnlich die gesetzlichen Forderungen für Kreditinstitute (vgl. JOHANNING (1996), S. 295).

4 Gestaltung eines DV-gestützten Risikomanagementsystems

4.1 Vorbemerkungen

Nachdem das vorangegangene Kapitel die konzeptionellen Grundlagen für das RMS gelegt hat, soll nun die DV-technische Umsetzung ausgeführt werden. Das in dieser Arbeit entworfene RMS hat die Aufgabe, Entscheider auf allen Hierarchiestufen mit den Informationen zu versorgen, die sie benötigen, um risikobehaftete Entscheidungen optimal treffen zu können. Damit unterscheidet es sich wesentlich von vielen Standardlösungen.[301] Diese erstellen vornehmlich nur aggregierte Informationen über die Gesamtrisikopositionen des Hauses oder beschränken sich auf die Unterstützung der Risikosteuerung. Systeme, die beide Aufgaben in sich vereinen, sind als Standardsoftware eher selten.[302]

Die explizite Anforderung der universellen Einsetzbarkeit auf allen Hierarchiestufen und für alle finanzwirtschaftlichen Aufgabenfelder bedingt, daß sich das zu entwickelnde RMS in keine Informationssystemkategorie[303] problemlos einordnen läßt. Seine Ansiedlung wäre zwischen den Managementinformationssystemen (MIS) und den Entscheidungsunterstützungssystemen (EUS) zu sehen.[304] Erstgenannte versorgen Manager auf höheren Positionen bzw. Controller mit Informationen zum Zwecke der Effizienzsteigerung, während EUS im operativen Geschäft entscheidungsvorbereitend und effektivitätssteigernd wirken sollen.[305]

Um beide Aufgaben gleichermaßen erfüllen zu können, muß das System folgende Daten und Informationen zur Verfügung stellen:[306]

1. aktuelle Marktdaten über den Wert aller eingesetzten Finanztitel,

---

[301] Einen Überblick über vorhandene Softwareprodukte bieten u.a. BIRKELBACH (1996); KLEIN/LEDERMAN (1996), S. 743 ff.

[302] Vgl. SOUTHALL (1996), S. 563. Eine Auflistung gängiger Funktionalitäten bietet CORRADO (1996), S. 24 f.

[303] Vgl. bspw. STUBBINGS (1995), S. 25 ff.

[304] Für die Darstellung unterschiedlicher Definitionen vgl. u.a. O'BRIEN (1995), S. 251 ff.; KROEBER/WATSON (1987), S. 7 u. 376; VETSCHERA (1995), S. 8 u. 105 ff.; CHAMONI/ZESCHAU (1996), S. 50 ff.; BEHME/MUKSCH (1996), S. 12 f. sowie dort angegebene Literaturhinweise.

[305] Vgl. STUBBINGS (1995), S. 25 ff.

[306] Vgl. ROTBERG (1992), S. 38. PARKER (1989), S. 50 weist darauf hin, daß es immer Benutzer geben wird, die bestimmte Informationen vermissen. Daher kann diese Aufzählung nicht als allgemeingültig verstanden werden.

2. präzise Auswertungen über alle Positionen in allen Portfolios der Unternehmung,

3. alle Veränderungen in 1. und 2. (Echtzeit),

4. aggregierte Auswertungen für höhere Entscheidungsebenen (Echtzeit) und

5. mögliche Wertschwankungen in den Portfolios gemäß verschiedener Szenarien.

Zwei Faktoren ermöglichen die Erfüllbarkeit dieser Anforderungen: Der beständig steigende Grad der internationalen Vernetzung, wodurch ein bis dato unbekannter Informationsfluß ermöglicht wird, und die stetig fallenden Preise für Rechenleistung und Massenspeicher.[307]

Der notwendige Umgang mit komplexem Datenmaterial ist als Teil eines strategisch orientierten Managementansatzes zu verstehen, der in der Form des Informationsmanagements zunehmend an Bedeutung gewinnt.[308] Um die Überschaubarkeit des Konzeptes bei der Bewältigung dieser Anforderungen zu erleichtern, wird im folgenden der Umgang mit den benötigten Daten in zwei Phasen untergliedert: Informationsbeschaffung und Informationsverarbeitung.[309]

Aufgabe der Informationsbeschaffung ist es sicherzustellen, daß sämtliche relevanten Daten an jedem notwendigen Platz im System zu jedem benötigten Zeitpunkt zur Verfügung stehen. Die Informationsverarbeitung schließt an diese Vorleistungen an und verarbeitet die Daten, um sie in der gewünschten Form dem jeweiligen Benutzer anbieten zu können.

Weiterhin beschäftigt sich dieses Kapitel mit der Problematik eines aussagefähigen Risikoreportings, Fragen der DV-Sicherheit sowie der Erfüllung ggf. zu beachtender gesetzlicher Vorschriften.

---

[307] Vgl. die Auswertungen von O'BRIEN (1995), S. 43 ff.
[308] Zur Bedeutung von Informationen im Wettbewerb siehe BROCKHAUS (1992), S. 21 ff.
[309] Vgl. bspw. KRÜMMEL (1988), S. 7; SCHMIDT (1996), S. 9; ähnlich STUBBINGS (1995), S. 30.

4.2 Informationsbeschaffung

4.2.1 Datengewinnung

Daten und die daraus abgeleiteten Informationen[310] bilden das Kernstück des RMS.[311] Nachfolgend soll erörtert werden, welche Daten benötigt werden und woher diese zu erhalten sind sowie die damit assoziierten Problemstellungen. Stubbings bezeichnet den allgemeinen Informationsbedarf treffend als "[...] *die Art, Menge und Qualität des Wissens, das zur Erfüllung einer Aufgabe* [...] *erforderlich ist.*"[312] Krümmel unterscheidet zwischen Basisdaten, die frei für alle Hierarchiestufen zugänglich sind, und den unsystematischen Informationen, die dem Entscheider aus seinem speziellen Umfeld zufließen.[313] Übertragen auf das behandelte RMS können Basisdaten als Marktdaten wie z.B. Kurse interpretiert werden, unsystematische Informationen als Gespräche mit anderen Fachleuten, aus denen sich eine Erwartung bzgl. der zukünftigen Marktentwicklung ergibt. Die für das RMS im Sinne der vorliegenden Arbeit zu beschaffenden Informationen beschränken sich daher auf die Basisdaten. Da es sich bei den unsystematischen Informationen um solche aus dem speziellen Umfeld des Entscheiders handelt, können diese nicht vom RMS zur Verfügung gestellt werden.

Der Rahmen der notwendigen **Basisdaten** ist weit gesteckt. In den Abschnitten 3.3.1 und 3.3.2 wurde bereits ausgeführt, daß Daten wie z.B. Kurse, Volatilitäten, Ratings und Zinsstrukturkurven unverzichtbares Material zur Berechnung von Kennzahlen sind. Diese Basisdaten lassen sich aufteilen in Marktdaten (Preise, Kurse, Zinsen), statistische Kennzahlen (Korrelationen, Volatilitäten) und Informationen (allgemeine Nachrichten, Ratings). All diese Daten und Informationen lassen sich von externen Anbietern beziehen, einige können aber auch durch eigene Berechnungen bereitgestellt werden.

Für die Lieferung von **Marktdaten** kommen grundsätzlich zwei Quellen in Frage: Externe Anbieter (z.B. Reuters, Bloomberg), die sich auf das Anbieten von Informationen spezialisiert haben, oder, im Fall von Finanzintermediären, die Kurse der eigenen Händler. Letzterer stellt nur einen Ausblick dar, da diese

---

[310] Daten sind Fakten. Erst wenn diese gefiltert oder in einer anderen Form weiterverarbeitet werden und so eine Bedeutung und einen Wert für jemanden erhalten, werden sie zu Informationen. PARKER (1989), S. 12.

[311] Vgl. RÖLLER (1989), S. 24; GROSS/KNIPPSCHILD (1995), S. 78.

[312] STUBBINGS (1995), S. 21.

Datenquelle ausschließlich für Finanzintermediäre von Bedeutung ist und zudem weiterführende Problematiken eröffnet, bspw. in Bezug auf Vollständigkeit[314] und Objektivität[315].Vor diesem Hintergrund scheint der Bezug von Daten über externe Anbieter die sinnvollere Möglichkeit zu sein. Pluspunkte sind hier v.a. die relative Objektivität der Daten durch viele partizipierende Unternehmen,[316] das breite und tiefe Kursangebot sowie die Zuverlässigkeit[317] der Daten.

Statistische Kennzahlen wie z.B. Volatilitäten und Korrelationen können extern bezogen[318] oder selbst berechnet werden. Bei einer diesbezüglichen Entscheidung ist neben den o.g. Problematiken zu bedenken, daß nur wenige Anbieter existieren und die Unternehmung dadurch evtl. in eine Abhängigkeit geraten kann, wenn der Datenbezug nicht von dritter Seite möglich ist. Die eigene Berechnung von Kennzahlen erfordert große Daten- und Rechenkapazitäten, insbesondere wenn Korrelationen zwischen mehreren Finanztiteln dargestellt werden sollen. Ist die Berechnung von Volatilitäten aus historischen Zeitreihen geplant, müssen nicht nur entsprechende Speicherkapazitäten vorgehalten werden, es ist darüber hinaus auch für eine lückenlose Fortschreibung der Zeitreihen zu sorgen. Falls Kurse fehlen oder sich als fehlerhaft herausstellen kann die Lücke entweder durch Rechenalgorithmen, die den Kurs approximieren, oder durch Datenbezug von externen Anbietern geschlossen werden. Letztere Möglichkeit erfordert allerdings verstärkte Kontrollen bzgl. der Richtigkeit des Materials.

Informationen sind nur extern zu beziehen. Nachrichten allgemeiner wirtschaftlicher oder unternehmensspezifischer Art können von einer Vielzahl von Anbietern (z.B. Reuters, Bloomberg) oder aus Datenbanken (z.B. Genios) abgefragt werden.[319] Sollen jedoch individuelle Bonitätsanalysen durchgeführt werden, sind die Breite sowie besonders die Tiefe des Angebotes kritisch zu

---

[313] Vgl. KRÜMMEL (1988), S. 7 f.

[314] Diese Methode verlangt das für alle Instrumente, für die Kurse benötigt werden, ein liquider Handel von Seiten der Unternehmung besteht.

[315] Eine "Hausmeinung" könnte die Kurse der Händler beeinflussen.

[316] Im Falle von Reuters werden die übermittelten Kurse direkt von den Händlern der teilnehmenden Finanzintermediäre eingegeben und auf den Bildschirmen aller abrufenden Unternehmen mit dem Kürzel des jeweils verantwortlichen Institutes angezeigt.

[317] Die Firma Datastream z.B. übernimmt eine Garantie für die Richtigkeit der von ihr übermittelten offiziellen Börsenkurse.

[318] Bspw. via Internet von J.P. Morgan (http://www.jpmorgan.com/RiskManagement/RiskMetrics/RiskMetrics.html)

[319] Sehr ausführlich bei HENNES (1995), S. 96 ff.

beurteilen. Während die notwendigen Daten für einen inländischen Geschäftspartner evtl. von freien Anbieter bezogen werden können,[320] stellt sich dies auf internationaler Ebene teilweise problematisch dar. Als noch problematischer erweist sich der Bezug der notwendigen Daten zur Länderbeurteilung: Viele relevante Information sind nicht vorhanden, liegen nur als Schätzungen vor oder sind unvollständig.[321]

Bisher wurden nur solche Daten betrachtet, die das Unternehmen von außen beziehen kann. Zur Errechnung der Dimensionen des Exposures bzw. zur Durchführung von Aggregationen sind jedoch weitergehende Daten notwendig. Es müssen unternehmensweit alle Bestände an Finanztiteln und ggf. Rohstoffen erfaßt werden, um sämtliche Wechselwirkungen innerhalb und zwischen allen Portfolios korrekt berücksichtigen zu können.

Diese Forderung wirft Probleme auf, da in vielen Unternehmen verschiedene Softwareprodukte eingesetzt werden, die einen Datenaustausch untereinander nur schwer oder gar nicht ermöglichen.[322] Diese sog. **Schnittstellenproblematik** tritt insbesondere bei Datenbezug von externen Anbietern zutage. Bei weltweit tätigen Unternehmen gewinnt diese Problematik noch stärker an Bedeutung,[323] wozu auch geographische Probleme wie verschiedene Zeitzonen beitragen.[324] Ein Lösungsansatz für die Schaffung einer einheitlichen Datenbasis, die heterogene Systeme überwindet,[325] wäre das sog. Data Warehouse-Konzept.[326] Dieses sieht die Transformation unterschiedlicher Daten aus unternehmensinternen und -externen Programmen durch den Einsatz von Konvertierungsprogrammen ohne Medienbruch in einer übergeordneten Datenbank vor.[327] Der Vorteil liegt darin, daß diese Vorgehensweise einen Datenpool[328] ermöglicht, aus dem sich neben dem RMS noch weitere Informationssysteme versorgen

---

[320] Zum Beispiel von der Firma Genios, vgl. LÖBBE (1995).
[321] Vgl. BAXMANN (1985), S. 94 ff.
[322] Vgl. SCHARPF/LUZ (1996), S. 63; GROSS/KNIPPSCHILD (1995), S. 81; BEHME/ MUKSCH (1996), S. 15 ff.
[323] Vgl. CRAMER (1993), S. 223.
[324] Vgl. ROTBERG (1992), S. 39.
[325] Vgl. GROSS/KNIPPSCHILD (1996), S. 81.
[326] Vgl. MUKSCH/HOLTHUIS/REISER (1996), S. 422 f; BEHME (1996), S. 30 ff; MUKSCH (1996), S. 87 ff.
[327] Vgl. TRESCH (1996), S. 253.
[328] Zu Vorgehensweise und Auswahlkriterien bzgl. der einfließenden Daten vgl. CHAMONI/ ZESCHAU (1996), S. 64 ff.

könnten.[329][330] Darüber hinaus stellt dieses Konzept sicher, daß stets mit zeitnahen und konsistenten Daten gearbeitet wird.[331] Nachteilig muß der große Bedarf an Speicherkapazität sowie die Problematik, entsprechende Transformationsprogramme in den Betrieb einbinden zu können, bewertet werden.[332]

4.2.2 DV-Infrastruktur

Im Rahmen der DV-Infrastruktur sollen die physischen Komponenten, d.h. die Hardware, betrachtet werden, die dem RMS zugrunde gelegt werden müssen, um einen sinnvollen Einsatz zu gewährleisten. Unter diesem Punkt sollen die grundsätzlichen Anforderungen des Systems hinsichtlich Netzwerkfähigkeit und einzusetzender Hardwarearchitektur angesprochen werden.

Netzwerke sind Systeme von Computern, Terminals und peripheren Geräten, die miteinander verbunden sind.[333] Bereits die vorangegangenen Ausführungen bzgl. der notwendigen Daten haben verdeutlicht, daß sich ein effektives RMS nicht auf einem einzelnen Rechner verwirklichen läßt. Es ist ein Ziel, Daten aus allen involvierten Abteilungen, dem Rechnungswesen und idealerweise auch von externen Anbietern zu integrieren und zu aggregieren. Gleichzeitig wird das Ziel verfolgt, alle betroffenen Entscheider mit Informationen aus dem System zu bedienen. Lösungen, die keine Netzwerkfähigkeit vorsehen, würden daher der Aufgabenstellung nicht gerecht werden.

Die Frage nach der bestmöglichen Netzwerktopologie[334] und -architektur[335] kann nicht generell beantwortet werden. Sie hängt im wesentlichen von der bereits in der Unternehmung vorhandenen Infra- sowie Organisationsstruktur ab. Das gleiche gilt für die Problematik der Netzausdehnung, d.h. ob ein LAN, MAN oder WAN[336] einzusetzen ist. Eine optimale Lösung läßt sich nur bei genauerer Betrachtung der jeweiligen Unternehmung finden.

---

[329] Vgl. TRESCH (1996), S. 253. PAUL-CHOUDHURY (1996) erläutert eine Studie, in der 90% der befragten Risikomanager das Data Warehouse-Konzept unterstützen.

[330] Vgl. PAUL-CHOUDHURY (1996).

[331] Vgl. MUKSCH/HOLTHUIS/REISER (1996), S. 425.

[332] Vgl. MUKSCH (1996), S. 100 ff; KIRCHNER (1996), S. 286 ff.

[333] Vgl. O'BRIEN (1995), Anhang G, S. 12.

[334] Verschiedene Topologien werden anschaulich dargestellt bei HUSSAIN/HUSSAIN (1995), S. 106 f.

[335] Die gebräuchlichsten Architekturen erläutert ATRE (1992), S. 142.

[336] LAN, MAN und WAN bezeichnen verschiedene Netzwerkgrößen. Sie werden unterteilt in: Local (auf einen Gebäudekomplex beschränkt), Metropolitan (auf eine Stadt bzw. Region beschränkt) und Wide (keine geographische Beschränkung) Area Networks (vgl. z.B. BRENNER (1994), S. 33 f.).

Grundsätzlich sollte die Zusammenführung der relevanten Daten für die Wahl der Vernetzung ausschlaggebend sein. Die DV muß dafür sorgen, daß die jeweils relevanten Daten für die notwendigen Auswertungen fristgerecht zur Verfügung stehen. Anhand dieser Anforderungen ist über Topologien, Architekturen, Ausdehnung und geeignete Kommunikationsverbindungen zu entscheiden.[337]

Die Frage der **Hardwarearchitektur** soll an dieser Stelle die Problematik der einzusetzenden Rechnersysteme aufgreifen. Dazu sollen Großrechner- und Client/Server-Systeme (C/S-Systeme) kurz dargestellt und verglichen werden.

Zentrale **Großrechnersysteme**, auch als Mainframes bezeichnet, haben die ersten Jahrzehnte der Datenverarbeitung gekennzeichnet.[338] Aufgrund ihrer hohen Anschaffungs- und Betriebskosten war für die Unternehmen nur ein zentralistischer Ansatz tragbar.[339] Charakteristisch ist, daß ein Mainframe diverse Terminals bedienen kann,[340] wobei letztere reine Ein-/Ausgabegeräte sind. Der gesamte Rechenvorgang sowie die Speicherhaltung etc. findet daher ausschließlich auf dem Mainframe statt. Dies bedingt die hohen Rechen- und Speicherkapazitäten in Großrechnern.

Die Vorteile dieser Systeme liegen in der ausgereiften Technik, der daraus resultierenden hohen Verfügbarkeit sowie der einfacheren Administration.[341] Als Hauptnachteil ist die mangelnde Flexibilität bei Veränderungen des Systems[342] zu nennen.

C/S-Systeme bestehen aus mehreren Komponenten, die miteinander kommunizieren und zwischen denen eine Aufgabenteilung stattfindet. Eine Komponente (Client) fordert dabei Dienste von einer anderen Komponente (Server) an.[343] Dieses Prinzip ist auf Hardware- und Softwarekonzepte gleichermaßen anwendbar, soll im nachfolgenden jedoch nur in bezug auf Hardwaresysteme betrachtet werden.

---

[337] Verschiedene Beispiele für mögliche Lösungen finden sich bei O'BRIEN (1995), S. 159 ff.
[338] In bezug auf Kreditinstitute ausführlich in DUBE (1993).
[339] Vgl. THIENEN (1995), S. 9.
[340] Je nach Skalierung können viele hundert Einheiten angeschlossen werden (vgl. O'BRIEN (1995), S. 53).
[341] Vgl. RAHM (1994), S. 4.
[342] Insbesondere bei Veränderungen der Benutzerzahl und der Einbeziehung herstellerfremder Hard- und Software.
[343] Vgl. THIENEN (1995), S. 5.

Kennzeichnend für C/S-Systeme sind die Möglichkeiten der Dezentralisierung bzw. Verteilung von Aufgaben über das ganze Netz. Ein typisches System könnte folgendermaßen aufgebaut sein: Ein LAN aus PCs, welche die Dialogführung mit dem Benutzer übernehmen, daneben ein Datenbankserver in Form eines leistungsfähigen Rechners mit großen Speicherkapazitäten, der die Datenhaltung übernimmt, und ein sog. Fileserver, der, ausgestattet mit ebenfalls hoher Speicherkapazität und schnellen Zugriffszeiten, das Dateisystem zur Verfügung stellt. Ein Netzserver sorgt für Betrieb und Steuerung des Netzverkehrs.[344] Es bestünde auch die Möglichkeit, mehrere lokale Netze untereinander zu verbinden oder Großrechner in das Konzept mit einzubeziehen.

Die Vorteile des C/S-Konzeptes liegen zweifelsohne in der Flexibilität und Geschwindigkeit, mit der der Datenzugriff erfolgen kann. Nachteilig wirken sich aber die hohe Komplexität solcher Systeme sowie ihre kostenintensive Wartung aus. Darüber hinaus stellen sie durch ihre grundsätzlich offene Architektur hohe Anforderungen an das Sicherheitskonzept.[345]

Die aktuelle Hardwarediskussion konzentriert sich u.a. darauf, ob Mainframes zugunsten von C/S-Systemen abgeschafft werden sollen. In diesem Zusammenhang fallen Schlagworte wie Downsizing, Upsizing und Rightsizing, die nachfolgend erläutert werden sollen.[346]

Es wurde erkannt, daß es das Ziel einer Informationssystemstrategie sein muß, die Informationssysteme optimal an das Unternehmen anzupassen, nicht umgekehrt. Mit **Downsizing** wird die Entwicklungstendenz von der proprietären Welt der Großrechner zu kleineren und offenen Systemen bezeichnet. Dabei wird versucht, durch den Abbau von Großrechnern bzw. deren Ersatz durch kleinere Workstations flexiblere Strukturen zu schaffen. Bei aller anfänglichen Euphorie hat sich aber auch die Erkenntnis durchgesetzt, daß Downsizing nicht Komplexitätsreduktion bedeutet. Oftmals war das Gegenteil der Fall, und es wurde eine unerwünschte Heterogenisierung der systemtechnischen Infrastruktur in der Unternehmung erzeugt.[347]

---

[344] Vgl. THIENEN (1995), S. 7 f.
[345] Vgl. THIENEN (1995), S. 8.
[346] Diverse Praxisberichte zur Umsetzung der genannten Konzepte finden sich bei THIENEN (1995), S. 317 ff. und in CZ (1995).
[347] Vgl. STUBBINGS (1995), S. 48.

Mit **Upsizing** bezeichnet man eine Vorgehensweise, bei der dezentrale, weitestgehend isolierte DV-Systeme in ein Gesamtsystem integriert werden. Hier werden bspw. verschiedene lokale Datenbanken in eine zentrale Datenbank überführt.[348]

Viele Unternehmen sind zu einem Konzept des **Rightsizing** übergegangen. Dabei soll ein integriertes, sich über die gesamte technische Infrastruktur erstreckendes, optimal verteiltes System geschaffen werden.[349] So werden bspw. Mainframes zunehmend als leistungsfähige Datenbanksysteme eingesetzt und die Anwendungsverarbeitung, soweit sinnvoll, auf dezentrale Abteilungsrechner oder PCs am Arbeitsplatz verlagert.[350] Ziel ist es, ein unternehmensweites Netz zu schaffen, in dem jede technische Komponente ihre Leistungen unter Kosten/Nutzen-Aspekten voll ausspielen kann. Dieses Konzept ermöglicht es, die getätigten Investitionen im Großrechnerbereich weiter zu nutzen, bei gleichzeitiger Einführung flexiblerer Strukturen.

Zusammenfassend kann generell nur zu einem Konzept geraten werden, das im Sinne des Rightsizing vorhandene Komponenten sinnvoll integriert. Sicherlich ist eine Terminalanwendung heutzutage keine ernsthafte Alternative mehr, jedoch kann die Rechen- bzw. Speicherleistung des Mainframes genutzt und die Präsentation vom PC übernommen werden. Es ist für den Anwender letztendlich nicht von Bedeutung, wo sich der Server, auf den er zugreift, befindet. Solange der Client ein angemessenes Antwortzeitverhalten aufweist, ist auch die Frage, ob der Server aus einem Großrechner oder einem leistungsfähigen PC besteht, belanglos.

4.2.3 Verarbeitungsmodus

Dieser Abschnitt erläutert die möglichen Verarbeitungsmodi bzgl. der verwendeten Daten. Grundsätzlich kann zwischen der sog. Positionsbuchführung und einer Online-Aktualisierung unterschieden werden. Differenzierungskriterien sind hierbei v.a. Anforderungen an die verwendeten Daten, Hardwaremöglichkeiten und Kostenaspekte.

---

[348] Vgl. THIENEN (1995), S. 8.
[349] Vgl. THIENEN (1995), S. 9.
[350] Vgl. TERPLAN (1995), S. 19 f.

Die **Positionsbuchführung** ist die einfachere und kostengünstigere Methode. Hierbei werden die Veränderungen in den relevanten Portfolios über den Tag fortgeschrieben und nur zu bestimmten Zeitpunkten (z.B. Handelsschluß) ausgewertet. Die Vorteile liegen darin, daß keine laufend aktualisierten Marktdaten benötigt und die Computersysteme weniger belastet werden. Daraus resultieren Kostenersparnisse, da Verträge mit preisgünstigeren Datenanbietern geschlossen werden können, die ihre Daten nicht in Echtzeit aktualisieren und geringere Investitionen in die Hardwaresysteme notwendig sind. Gravierender Nachteil ist die Tatsache, daß Auswertungen nicht jederzeit durchgeführt werden können. Auf diese Weise ist es z.B. nicht oder nur eingeschränkt möglich, die Auswirkungen zu testen, die der Kauf eines Finanztitels auf die Risikostruktur des entsprechenden Portfolios hat. Ebenso ist es nicht mehr möglich, effektive Limitsysteme zu installieren, da die zeitliche Differenz zwischen Ausführung und Kontrolle zu groß ist.

Eine **Online-Aktualisierung** ermöglicht die ständige Abrufbarkeit aktueller Daten durch das System. Dies stellt hohe Anforderungen an Hard- und Software, die beide den stetigen Datenfluß verarbeiten können müssen. Die Aufwendigkeit dieses Verfahrens schlägt sich in entsprechend hohen Kosten nieder. Grundsätzlich sind die Nachteile der Positionsbuchführung die Vorteile der Online-Aktualisierung und umgekehrt.

Generell sollten die Möglichkeiten der Online-Aktualisierung genutzt werden, da nur sie jederzeit aktuelle Auswertungen der Risikopositionen der Unternehmung ermöglicht.[351] Dabei müssen allerdings die individuellen Anforderungen einzelner Unternehmungen berücksichtigt werden, bei denen unter Kosten/Nutzen-Gesichtspunkten die Positionsbuchführung für ausreichend erachtet wird.

4.3 Informationsverarbeitung

4.3.1 Risikoanalyse

Im Rahmen der Risikoanalyse ist das RMS nicht sinnvoll einsetzbar. Aufgrund der Tatsache, daß die Analyse die unterste Stufe des Risikomanagementprozes-

---

[351] Vgl. o.V. (1996).

ses darstellt, auf der alle nachfolgenden Aktivitäten aufbauen, ist es dem System an dieser Stelle noch nicht möglich, unterstützend tätig zu werden. Erst wenn Risiken erkannt und ihre Determinanten analysiert worden sind, kann die weitere Verfahrensweise DV-technisch umgesetzt werden.

Computerunterstützung ist insoweit möglich, als Szenarien oder Simulationen durchgerechnet werden können, jedoch bietet sich hierfür der Einsatz von Spezialsoftware an. Die Integration dieser Funktionalität in das RMS wäre zwar technisch machbar, ist allerdings aufgrund des hohen Aufwandes kaum als sinnvoll zu erachten.

Für die Risikoanalyse muß, gleichgültig ob sie manuell oder mit Hilfe einer Software durchgeführt wird, stets sichergestellt sein, daß die verwendeten Daten realitätsnah sind und auch anschließend vom RMS verarbeitet werden können. Nur auf diesem Wege und durch konsistente Analysemethoden wird die Basis für eine einheitliche Risikodarstellung geschaffen.[352]

4.3.2 Risikobewertung

4.3.2.1 Vorbemerkungen

Die Risikobewertung kann vom System zu einem großen Teil automatisch durchgeführt werden. Im Folgenden wird erläutert, welche grundsätzlichen Entscheidungen dafür zunächst getroffen werden müssen und in welcher Form das RMS daraufhin selbständig tätig werden kann.

Analog der Risikoanalyse ist auch bei der Risikobewertung darauf zu achten, daß die eingesetzten Methoden konsequent angewandt werden. Diese Vorgehensweise gewährleistet Vergleichbarkeit unter Instrumenten, die mit der gleichen Kennzahl bewertet werden. Stellen sich die eingesetzten Modelle im Lauf der Zeit als überholt heraus, müssen neuere Methoden stets im gesamten System realisiert werden. Dies soll jedoch nicht vom Einsatz neu entwickelter, theoretisch fundierter und praktisch verwendbarer Modelle abhalten. Schließlich kann jede Bewertung nur so gut wie die eingesetzten Methoden sein.

4.3.2.2 Preisfindung

Am Anfang der Preisfindung steht die Frage nach den zu verwendenden Preisen bzw. Kursen. Die Antwort ist abhängig von der jeweils angestrebten Auswertung. Es ist sicherzustellen, daß die benötigten Daten vorhanden und der Zugriff darauf möglich ist. Werden bspw. Buchwerte zur Berechnung des Abschreibungsrisikos benötigt, muß für die Überführung dieser Werte aus dem Rechnungswesen in eine Datenbank gesorgt werden, auf die das RMS zugreifen kann. Darüber hinaus muß die Aktualisierung gewährleistet sein.

Absolut unerläßlich für zeitnahe Auswertungen nach der Mark-to-Market-Methode sind laufend aktualisierte Kurse, vorzugsweise in Echtzeit. Die damit verbundene Problematik wurde bereits ausgeführt und soll nicht noch einmal betrachtet werden. An dieser Stelle soll nur noch einmal darauf hingewiesen werden, daß diese Methode der Preisermittlung mit hohen Kosten verbunden ist.

Generell stellt sich bei einigen Daten das Problem der Bezugsquelle. Zinsstrukturkurven bspw. können durch eigene Prognosen erstellt, implizit aus Preisen am Markt errechnet oder einfach aus der Zeitung entnommen werden. Zudem gibt es unterschiedliche Kurven für unterschiedliche Zinsinstrumente, teilweise sogar für einzelne Finanztitel. Im Rahmen der Konzeption des RMS ist daher zu klären, welcher Art, ob prognostiziert, implizit oder historisch, die eingesetzten Daten sein sollen. An dieser Entscheidung ist im Sinne einer konsequenten Bewertung aller relevanten Instrumente festzuhalten. Weiterführend muß eine Möglichkeit zur Übernahme der Daten in die Systemdatenbank gefunden werden.

Die Bewertung von Derivaten stellt sich aufgrund der diversen Einflußfaktoren als Problem dar. Auch hier ist, um Vergleichbarkeit zu gewährleisten, die Festlegung auf ein Modell notwendig. Da eine Vielzahl von Methoden zur Verfügung steht, muß sehr genau evaluiert werden, welche Methode das RMS für welches Instrument anwenden soll. Gegebenenfalls sind Modifikationen am Standardmodell vorzunehmen, um marktnähere Ergebnisse zu erhalten. Allerdings muß bei dieser Vorgehensweise darauf geachtet werden, daß einheitliche und anerkannte Verfahren eingesetzt werden, die auch über längere Zeit kontinuierlich angewendet werden.[353]

---

[352] Vgl. GROSS/KNIPPSCHILD (1996), S. 94 f.
[353] Vgl. SCHARPF/LUZ (1996), S. 101.

An dieser Stelle soll auch das Problem der Bewertung komplexer Finanzinstrumente noch einmal aufgegriffen werden. Sofern eine Preisermittlung durch den Markt nicht möglich ist, erfordert dies zunächst das Stripping der entsprechenden Finanztitel. Dieser Vorgang läßt sich durch Anwendung geeigneter Software beschleunigen. Je nach Umfang des Einsatzes solcher komplexen Instrumente in der Unternehmung ist es sinnvoll, die Funktionalität des Stripping auch in das RMS zu integrieren.

4.3.2.3 Kennzahlenermittlung

Die Ermittlung von Kennzahlen zur Beurteilung des **Marktrisikos** ist vom RMS in einem hohen Automatisierungsgrade durchführbar. Gesetzt den Fall es stehen die benötigten Daten zur Verfügung, sind VaR-Berechnungen ohne weitere Hindernisse möglich. Im Rahmen der Konzeption muß jedoch zuvor entschieden werden, welches der möglichen Konzepte eingesetzt werden soll. Gegebenenfalls sind hierbei gesetzliche Restriktionen zu beachten. Da auch die Duration, der PVBP und die Greeks rein quantitative Modelle sind, ist die Anwendbarkeit des RMS hier nur durch Rechenleistung und Speicherkapazität begrenzt.

Im Gegensatz dazu ist der Rahmen, in dem das System zur Beurteilung des **Bonitätsrisikos** eingesetzt werden kann, begrenzt. Er ist abhängig von der Auswahl der verwendeten Kennzahlen. Je stärker diese auf quantitativen Verfahren beruhen, desto besser sind sie DV-technisch umsetzbar, während qualitative Einflußfaktoren die Automatisierung erschweren oder unmöglich machen.

Für den Einsatz in einem RMS besonders geeignet sind Scoring-Modelle. Da sie ausschließlich auf ökonometrischen Modellen beruhen, fließen nach Erstellung der Algorithmen keine weiteren Werturteile in die Kennzahlenermittlung ein. Aus diesem Grund kann die Methodik, unter der Voraussetzung, daß die benötigten Daten zur Verfügung stehen, weitestgehend automatisiert arbeiten.

Mittels entsprechender Anpassung der Algorithmen und Vorgabe kritischer Werte kann darüber hinaus ein Frühwarnsystem geschaffen werden, das Warnmeldungen zur rechtzeitigen Einleitung von Gegenmaßnahmen erzeugt, d.h. vor Ausfall des entsprechenden Engagements.[354] Der Vorteil dieses Verfahrens liegt

---

[354] Vgl. DWORAK (1985), S. 108.

u.a. darin, daß es vom RMS absolut selbständig durchgeführt werden kann und daher keine Personalkapazitäten für die Kreditüberwachung bindet.

Die Anwendung von Optionspreismodellen erlaubt ebenfalls eine weitgehende Automation der Kreditbeurteilung. Aufgrund der erhöhten Anforderungen an das zugrundeliegende Datenmaterial fällt jedoch die Reduzierung des Aufwands nicht ganz so hoch aus.

Werden Ratings eingesetzt, minimiert der Bezug von externen Anbietern den Arbeitsaufwand in der Unternehmung. Wird auf die Umsetzung der eigenen Vorstellungen besonderer Wert gelegt, ist i.d.R. ein eigenes Analysekonzept unumgänglich. Dies zielt besonders auf Kreditinstitute ab, ist aber auch für Nichtbanken anwendbar.

Qualitative Evaluationssysteme erlauben nur eine begrenzte Automation. Sie basieren auf subjektiven Einschätzungen über bspw. die zukünftige wirtschaftliche Ertragskraft einer Unternehmung oder die politische Entwicklung eines Landes. Daraus resultieren unterschiedliche Ergebnisse, die vom individuellen Analysten und dessen persönlichen Präferenzen abhängig sind.[355] Dies hat den Vorteil, daß so Intuition und Erfahrung in die Beurteilung einfließen, was die Qualität der Aussage u.U. nachhaltig verbessern kann. Natürlich ist auch eine gegenteilige Entwicklung möglich. Die Ergebnisse verschiedener Analysten lassen sich allerdings nicht mehr objektiv vergleichen. Bei dieser Form der Evaluation kann das RMS nur wenig Unterstützung bieten. Es können lediglich die verfügbaren Daten wie Umsatz, Bilanzsumme etc. und ergänzend dazu die letzten Nachrichten aus Informationsdiensten sowie im Fall von Länderbeurteilungen evtl. grundsätzliche Informationen über die politische Lage angezeigt werden.[356] Die eigentliche Aufgabe des RMS, das Auswerten dieser Daten und deren individuelle Gewichtung zu einem Endergebnis, kann in diesem Konzept jedoch nicht automatisiert werden.

4.3.2.4 Aggregation

Da sich die Steuerung und die Kontrolle von Einzeltransaktionen aufgrund der Vielzahl der Positionen i.d.R. als äußerst schwierig erweist, besteht die Mög-

---

[355] Vgl. FÜRER (1990), S. 170.
[356] Diese könnten bspw. aus dem Internet entnommen werden (z.B. http://www.odci.gov/cia/publications/95fact/index.html).

lichkeit, die Einzelpositionen in verschiedenen Portfolios zusammenzufassen.[357] Dafür bietet sich die Trennung nach risikobestimmenden Faktoren an. Auf diese Weise kann die Aggregation der Risiken, nach Festlegung bestimmter Regeln und Verfahren,[358] vom RMS weitestgehend automatisch vorgenommen werden.

Eine andere Vorgehensweise bei der Risikoaggregation würde eine Art "Klammerfunktion" beinhalten. Hierbei werden nicht verschiedene Portfolios gegeneinander betrachtet, sondern jeweils ein Grundgeschäft mit der zugehörigen Sicherungsmaßnahme. Diese Möglichkeit ist naturgemäß nur im Hedging-Bereich durchführbar, da andernfalls keine relevante Sicherungsposition gegeben wäre.

Wichtig für detailgenaue Auswertungen ist, Aggregationen über verschiedene Konsolidierungsstufen vorzusehen. Weiterhin müssen alle gegeneinander aufgerechneten Geschäfte ausgewiesen werden, um im Falle einer nicht beabsichtigten Entwicklung Rückschlüsse auf die Ursachen ziehen zu können.

Generell bleibt anzumerken, daß eine automatische Risikoaggregation bedenklich ist, solange keine ausgereiften theoretischen Modelle zur Verfügung stehen. Bis dies der Fall ist, sollten lediglich Aggregationen innerhalb einer Risikoposition vorgenommen werden.

4.3.2.5 Prognosen

Die Durchführung von Zins- und Kursprognosen unter Einsatz von Fundamental- oder technischer Analyse ist bereits in vielen Programmen zum Portfolio-Management realisiert. Einer Einbindung dieser Funktionalität in das RMS dürfte daher nichts im Wege stehen, wobei unter Kosten/Nutzen-Aspekten der parallele Einsatz von Spezialsoftware in Erwägung zu ziehen ist. Denkbar wäre auch ein Szenario-Generator, mit dem die Auswirkungen von Veränderungen bestimmter Schlüsselvariablen auf ausgewählte Portfolios, den Firmenwert oder weitere Größen analysiert werden können.

Der Einsatz des RMS bei der Erstellung qualitativer Szenarien ist naturgemäß begrenzt. Hier wäre die Anwendung spezialisierter Programme bspw. zur grafischen Unterstützung oder zur Ableitung von Nebenwirkungen, sinnvoller.

---

[357] Vgl. PREYER/REINHARDT (1995), S. 197.
[358] Vgl. Abschnitt 3.3.3.

Abschließend soll der Einsatz von XPS und KNN betrachtet werden. Zwar handelt es sich bei beiden Alternativen um Computersysteme, jedoch sind beide für eine Integration als Unterprogramm in das RMS zu spezialisiert. An dieser Stelle wäre die Verknüpfung der Ergebnisdatenbanken der Prognoseprogramme mit der Datenbank des RMS eine sinnvolle Möglichkeit. Auf diese Weise könnten die Ergebnisse der auf die Prognose spezialisierten Programme im RMS weiterverarbeitet werden.

4.3.3 Risikosteuerung

4.3.3.1 Vorbemerkungen

Die Risikosteuerung ist der Anwendungsbereich, an dem das RMS am stärksten auf den Anwender einwirkt. Es soll ihn im Rahmen seiner Entscheidungsfindung mit der Bereitstellung relevanter Informationen unterstützen. Diese Forderung birgt aber auch ein Gefahrenpotential in sich. Da Menschen dazu neigen, die Vorgaben des Computers als eine Art allumfassende und zwangsläufig richtige Handlungsempfehlung zu interpretieren,[359] kann eine Fehlkonzeption an dieser Stelle einen erheblichen Schaden verursachen. Daher muß den Benutzern vor Augen geführt werden, daß ein Computer nur eine Maschine ist, die Handlungsvorgaben ausführt. Die entsprechenden Ergebnisse sind stets kritisch zu beurteilen.

Die Unterstützung der Risikosteuerung durch das RMS ist nicht für alle Maßnahmen gleichermaßen gewährleistet. Der folgende Abschnitt betrachtet die risikopolitischen Handlungsalternativen und führt dabei jeweils die Möglichkeiten und Grenzen des RMS aus. Die Vorgehensweise orientiert sich hier an der in Abschnitt 3.4 vorgenommenen Strukturierung, wobei die Punkte Risikoabwälzung und Risikoübernahme nicht näher ausgeführt werden. Dies hat seinen Grund darin, daß die Möglichkeiten der Risikoabwälzung in keiner Weise vom System erfaßt oder bearbeitet werden können. Sie sind eher im Bereich Treasury anzusiedeln. Für die Risikoübernahme gilt, daß das RMS die Entscheidung, ob ein Risiko ohne Sicherungsmaßnahme übernommen werden soll, bereits im Bereich Risikoverminderung bzw. Risikokompensation unterstützt.

---

[359] Vgl. SCHMINKE (1992) S. 422.

4.3.3.2 Risikovermeidende Maßnahmen

Analog den Aussagen bzgl. der Risikoabwälzung gilt auch für Matching-Konzepte, daß sie eher im Bereich Treasury anzusiedeln sind als im Risikomanagement. Zwar handelt es sich beim Matching um eine risikovermeidende Maßnahme, jedoch basiert das Konzept zu stark auf Eingriffen in die Primäraktivitäten als daß es sinnvoll in das RMS zu integrieren wäre.

Um jedoch **Immunisierungsstrategien** zu verfolgen, stellt ein DV-gestütztes System eine ideale Möglichkeit dar. Entsprechende Rechenkapazitäten und Datenbestände vorausgesetzt, könnte das RMS alle Wertpapiere ermitteln, die sich aufgrund ihrer Duration in ein bereits vorhandenes Portfolio integrieren lassen. Denkbar wäre auch die Vorgabe eines Datums, anhand dessen das Programm ermitteln könnte, welche Finanztitel erworben werden müßten, um ein Portfolio auf diesen Zeitpunkt hin zu immunisieren. Selbstverständlich können so auch neue Portfolios zusammengestellt werden.

Über entsprechende Filterkriterien könnten Papiere ausgeschlossen werden, die den Bonitätsansprüchen der Unternehmung nicht genügen oder deren Emittenten ihr Kontrahentenlimit bereits erschöpft haben. Generell können durch entsprechende Verknüpfungen alle Limitstrukturen berücksichtigt werden, so daß in der abschließenden Ausgabe nur solche Wertpapiere zur Auswahl gestellt werden, deren Erwerb ohne Restriktionen möglich ist.[360]

4.3.3.3 Risikovermindernde Maßnamen

Besicherungen von Finanzanlagen als Mittel der Risikoreduktion können von einem RMS nur schwer erfaßt werden und erfordern einen zu hohen manuellen Aufwand für eine sinnvolle Integration in das System.

Diversifikationsaspekte hingegen lassen sich DV-technisch verhältnismäßig gut erfassen. Sofern alle notwendigen Daten zur Verfügung stehen, können die Auswirkungen der Einbeziehung neuer Finanztitel in bereits vorhandene Portfolios berechnet werden. Auf diese Weise ist es insbesondere möglich mit Testportfolios zu arbeiten, mittels derer sich die Veränderungen von Risiko und Ertrag abschätzen lassen, wenn neue Finanztitel integriert und/oder alte Titel entfernt werden. Unter Vorgabe von einschränkenden Bedingungen kann das

---

[360] Die begleitende Überwachung des Portfolios aufgrund der Zeitinstabilität der Duration

RMS berechnen, welches Wertpapier einem Portfolio unter Risiko- und Renditegesichtspunkten optimal hinzuzufügen wäre.

Derartige Auswertungen stellen sehr hohe Anforderungen an die eingesetzte
Hardware. Zur Berechnung der Korrelationen zwischen diversen Finanztiteln,
müssen entsprechende Rechenleistung und auch Speicherkapazitäten vorgehalten werden. Teilweise ist der Bezug dieser Daten auch von externen Anbietern
möglich. So stellt z.B. JP Morgan im Rahmen seiner RiskMetrics Daten diverse
Varianzen und Korrelationen kostenfrei im Internet zur Verfügung.

Limitsysteme sind innerhalb des RMS grundsätzlich gut umzusetzen. Allerdings muß die gravierende Einschränkung der ex post Betrachtung gemacht
werden. Es ist nicht realisierbar, Limitüberschreitungen im Telefonhandel ex
ante zu unterbinden. Bei allen mündliche durchgeführten Handelsgeschäften sind
Limitüberschreitungen möglich, auf die das System keinen Einfluß nehmen
kann. Die Überschreitung wird erst nach Abschluß des Geschäftes und Erfassung der Daten durch das RMS offensichtlich. Da es aufgrund gängiger
Usancen nur schwer möglich ist, Geschäfte zu widerrufen, scheint eine Art
Frühwarnsystem sinnvoll. In diesem Sinne könnte bereits ab einer Annäherung
an die Limitgrenze von bspw. 75 oder 80% eine Systemmeldung an die
nächsthöhere Hierarchiestufe abgegeben werden. Der verantwortliche Manager
kann dann im Rahmen einer verstärkten Kontrolle frühzeitig Überschreitungen
unterbinden, sofern sich diese tatsächlich abzeichnen sollten.

Die Problematik würde mit Etablierung eines vollständigen Computerhandels an
Gewicht verlieren. Sofern alle Orders nicht mehr mündlich, sondern über den
Computer und somit auch ein angebundenes System abgewickelt werden, kann
eine Limitierung relativ einfach integriert werden: Das System verweigert bei
Überschreitung des gesetzten Limits die Freigabe des Auftrages. Denkbar wären
u.U. Toleranzgrenzen oder die Möglichkeit der Freischaltung nach Autorisie-
rung durch eine höhere Hierarchiestufe.

Bestandslimits sind auf diese Weise, im Rahmen der genannten Beschränkungen, gut zu integrieren. Kennzahlenlimitierungen hingegen können eine Problem
darstellen, sofern sich die jeweiligen Werte im Zeitablauf ändern. Für diesen Fall
müssen regelmäßige Neuberechnungen und Abgleiche gegen die Limitgrenzen

---

fällt in den Aufgabenbereich der Risikokontrolle.

durch das RMS vorgesehen werden. Diese Prüfungen sollten grundsätzlich automatisch ablaufen und bei einer Überschreitung eine Meldung an den entsprechenden Risikomanager abgeben, der darauf hin Gegenmaßnahmen einleiten kann.

Die Realisierung eines integrierten Limitsystems für die ganze Unternehmung stellt entsprechende Anforderungen an Rechenleistung und Speicherkapazität. Als Beispiel sei eine international tätige Bank betrachtet, die einen Kredit an einen Kunden vergeben will, der ebenfalls in mehreren Ländern aktiv ist. Ein System von Kontrahentenlimiten mit übergeordneten Länderlimiten hat nun zu prüfen, wie hoch das weltweite Limit des Kunden ist, ob es im betreffenden Land bereits ausgeschöpft wurde und ob ggf. seine Limitkapazitäten in anderen Ländern reduziert werden können um eine Kreditvergabe im gewünschten Staat zu ermöglichen. Darüber hinaus muß das entsprechende Länderlimit geprüft und Limitierungen mit Bezug auf die relevante Währung sowie den entsprechenden Referenzzins beachtet werden. Diese beispielhaften Ausführungen zeigen auf, welche Anforderungen an die Hard- und Software des Limitsystems des RMS gestellt werden, um eine schnelle und flexible internationale Kreditvergabe zu ermöglichen.

Schließlich bleiben die Konsequenzen, die Limitverletzungen nach sich ziehen zu klären. Unter Einsatz eines Frühwarnsystems sollte eine Überschreitung zwar nicht vorkommen, jedoch müssen Reaktionen für diesen Fall vorgesehen und den Mitarbeitern entsprechend verdeutlicht werden. Um den Stellenwert dieser Regelung zu unterstreichen, sollten Zuwiderhandlungen direkt an die Geschäftsleitung gemeldet werden.

4.3.3.4 Risikokompensierende Maßnahmen

Im Rahmen einer schlüssigen Konzeption muß zunächst von der Geschäftsleitung festgelegt werden, in welchem Maße sie zur Übernahme von Risiken bereit ist. Die beiden grundsätzlichen Handlungsalternativen bestehen darin, jede offene Position sofort betrags- und fristengenau zu schließen, bzw. auf Sicherungsmaßnahmen gänzlich zu verzichten. In der Realität bilden beide Extrempositionen die Ausnahme, die Regel ist vielmehr selektives **Hedging**.[361] Im Rahmen des vorgegebenen Sicherungsgrades wird fallweise entschieden, welche offene Position in welcher Höhe mit welchem Instrument abzusichern ist. Die Gewichtigkeit dieser Entscheidung ist nicht zu unterschätzen, da die Wahl des richtigen Instrumentes entscheidend für die Qualität des Hedges ist. Wichtige Determinanten für die Auswahl sind der Zeithorizont und der Sicherheitsgrad, mit dem die zugrundeliegenden Cash-Flows erwartet werden.[362]

Das RMS kann das Hedging unterstützen, indem es die offenen Positionen anzeigt und verschiedene Sicherungsgrade, z.B. in 5%-Schritten, mit den anfallenden Transaktionskosten für die relevanten Sicherungsinstrumente[363] darstellt. Anhand hinterlegter Algorithmen[364] können die entsprechenden Hedge-Ratios[365] je nach gewähltem Sicherungsinstrument berechnet werden.[366] In einem weiteren Schritt könnten die erwarteten Gewinne und Verluste aufgrund unvollständigen Hedgings bei verschiedenen Szenarien bzw. Prognosen angezeigt werden. Auf dem heutigen Stand der Technik sind für solche Auswertungen noch verschiedene manuelle Eingaben, insbesondere in Form von kundenindividuellen Preisen, erforderlich. Es wäre jedoch ein zukünftiges System denkbar, das nach Freischaltung der relevanten Daten die entsprechenden Preise via E-Mail oder Internet aus den Systemen der Geschäftspartner einholt. Auf dieser Grundlage und unter Beachtung aller Kontrahentenlimits etc. würde dann eine Rangfolge der sinnvollsten Angebote erstellt, und der Entscheider könnte den aus seiner Sicht optimalsten Vorschlag auswählen und das Geschäft auf der Stelle, ggf. sogar online, abschließen.

Wenn eine Position durch ein Derivat gehedged wird, tritt das sog. Basisrisiko[367] ein. Darunter wird eine unterschiedliche Wertentwicklung der Long- und Short-Positionen innerhalb einer geschlossenen Handelsposition verstanden.[368] Dieses Risiko kann nur durch die kontinuierliche Angleichung der Sicherungsposition umgangen werden, was als dynamisches Hedging bezeichnet wird. Dies

---

[361] Vgl. SCHEUENSTUHL (1992), S. 105.

[362] Vgl. REDHEAD/HUGHES (1988), S. 246 ff.

[363] Das System könnte anhand eines Entscheidungsbaumes eruieren, welche Instrumente geeignet sind (vgl. hierzu REDHEAD/HUGHES (1988), S. 247 f. oder die Auflistung von BÜRGER (1995), S. 245).

[364] Verschiedene Verfahren erläutert FIEBACH (1994), S. 142 ff.

[365] Das Hedge-Ratio gibt an, wieviele Einheiten des Sicherungsinstrumentes benötigt werden, um eine Einheit des Grundgeschäftes zu hedgen. Vgl. MARSHALL/BANSAL (1992), S. 517.

[366] Vgl. MARSHALL/BANSAL (1992), S. 517.

[367] Auch als Spreadrisiko bezeichnet.

[368] Vgl. BÜRGER (1995), S. 244; ausführlich zum Basisrisiko BERGER (1990), S. 428 ff.

ist normalerweise mit hohen Transaktionskosten verbunden. Das RMS könnte in regelmäßigen Abständen berechnen, welche Veränderungen an der Sicherungsposition vorgenommen werden müßten, und diese unter Angabe der erwarteten Transaktionskosten der Basislücke gegenüberstellen. Der verantwortliche Manager kann dann wiederum "auf Knopfdruck" entscheiden, ob er die Anpassungsmaßnahme vornehmen will.

Auch wenn die dargestellte Form zunächst noch unrealistisch erscheint, so sind Teile schon heute in der Geschäftswelt realisiert. Die Berechnung und Vorschlagsorganisation ist bereits in verschiedene Softwareprodukte integriert, jedoch ist das automatisierte Einholen der Kurse und Preise aus Sicherheits- und Vertraulichkeitsgründen zur Zeit noch nicht möglich.

4.3.4 Risikokontrolle

In der Phase der Risikokontrolle kann das RMS teils unterstützend teils aber auch automatisch tätig werden.

Im Rahmen der **begleitenden Kontrolle** ist ein regelmäßiger Abgleich, ob sich Grund- und Sicherungsgeschäft im angestrebten Rahmen bewegen, durchzuführen, so daß sich der Sicherungsgrad nicht unbemerkt signifikant ändern kann. Diese Gefahr entsteht bei manchen Hedging-Aktivitäten durch das Basisrisiko. Es wäre denkbar, eine Funktion zu integrieren, die dies automatisch durchführt und eine Meldung auslöst, sobald der festgelegte Sicherungsgrad um einen bestimmten Prozentsatz vom tatsächlichen abweicht. Ergänzend könnte errechnet und dargestellt werden, welche Kosten mit der Wiedererlangung des ursprünglichen Sicherungsgrades verbunden wären und welche Anzahl der relevanten Instrumente diesem Zweck ge- bzw. verkauft werden müßten. Analog wäre die Vorgehensweise bei der Überwachung von Immunisierungsstrategien vorstellbar.

Die **nachträgliche Prüfung** des Erfolges getroffener Sicherungsmaßnahmen kann automatisch vom System durchgeführt werden. Sind die relevanten Algorithmen bzw. Benchmarks hinterlegt worden, kann jeweils nach Beendigung eines Vorgangs eine detaillierte Auswertung, welchen Ergebnisbeitrag die Sicherungsmaßnahme geleistet hat, erfolgen. Auf Grundlage dieser Auswertungen kann eine kontinuierliche Verbesserung des optimalen Sicherungsgrades verfolgt werden, um der Forderung nach der Minimierung von Verlusten aus eingegangenen Risiken und gleichzeitig möglichst geringen Sicherungskosten nachzukommen.[369]

Das für Kreditinstitute gesetzlich vorgeschriebene Back-Testing ist ebenfalls automatisierbar. Auswertungen bzgl. möglicher Diskrepanzen von VaR-Ergebnissen und tatsächlich eingetretenen Verlusten können in unterschiedlichen Konsolidierungsstufen dargestellt werden und so Hinweise auf ggf. vorzunehmende Korrekturen am Modell geben.

Hier stößt das RMS an seine Grenzen. Zwar können aufgrund der unterschiedlichen Auswertungsmöglichkeiten viele Hinweise auf Schwächen der eingesetzten Modellen gegeben werden, die Analyse dieser Fehler bleibt jedoch den zuständigen Risikomanagern vorbehalten. Auf dem heutigen Stand der Technik kann eine Software diese Leistung noch nicht erbringen.

4.4 Reporting

Zu den wichtigsten Aufgaben des RMS gehört ein standardisiertes, automatisiertes und ereignisgesteuertes Reporting, das alle involvierten Entscheidungsträger mit Informationen versorgt. Den Stellenwert dieser Funktion unterstreicht die Aussage, daß verschiedene Unternehmen ihre gravierenden Verluste hätten begrenzen können, wenn das interne Reporting vorhanden bzw. effektiver genutzt worden wäre.[370]

Um Informationen in einer Form darzustellen, die auf den jeweiligen Empfänger zugeschnitten ist, bedarf es umfangreicher Auswertungsmöglichkeiten. Das RMS bedient Entscheider auf verschiedensten Hierarchieebenen und muß dem unterschiedlichen Informationsbedarf der Empfänger Rechnung tragen. So benötigt z.B. ein Händler weitaus detailliertere Informationen für seine Disposition, als dies für ein Vorstandsmitglied notwendig ist, das einen schnellen Gesamtüberblick wünscht. Aus diesem Grund ist es notwendig, verschiedene Reports zu generieren, die den Anwender nicht mit Zahlen "überfluten", sondern die Gesamtheit der zur Verfügung stehenden Daten auf die für ihn relevanten

---

[369] Vgl. FINARD/STOCKS (1996), S. 83.
[370] Vgl. ZASK (1996), S. 14 ff., der hier insbesondere auf die Fälle Barings und Procter& Gamble hinweist.

Informationen verdichten und in aussagekräftiger Form präsentieren.[371] In diesem Zusammenhang kann eine Art Standardbericht kreiert werden, der langfristig die gleiche Struktur behält, was das Auffinden der relevanten Informationen erleichtert.[372] Ergänzend dazu sollten Ad-hoc-Berichte möglich sein, die schnell und einfach erstellt werden können, um spezielle Sachverhalte darzulegen.[373] Darüber hinaus muß die Frage geklärt werden, in welchen Intervallen bzw. bei welchen Ereignissen Auswertungen automatisch erfolgen und versandt werden sollen, falls der zuständige Entscheider sie nicht von selbst anfordert.

Generell könne drei verschiedene Detaillierungsgrade unterschieden werde:

Händler in einem Kreditinstitut bzw. Mitarbeiter der Finanzabteilung in einer Nichtbank haben normalerweise den Informationsbedarf mit dem **höchsten Detaillierungsgrad**. Für sie kann es bspw. notwendig sein, ein komplexes Finanzderivat in alle Cash Flows zu zerlegen. Auch müssen sie in der Lage sein, Tests mit verschiedenen Finanztiteln in ihren Portfolios durchzuführen, um die Auswirkungen des Einsatzes verschiedener Instrumente auf die Risiko- und Renditestruktur des gesamten Portfolios zu analysieren. Die Grundvoraussetzung hierfür ist der Zugriff auf aktuellste Daten, da Handlungen aus anderen Unternehmensbereichen die unternehmensweite Risikoaggregation jederzeit verändern können. Darüber hinaus muß der verantwortliche Händler am Ende seines Arbeitstages vollständig über alle offenen Risikopositionen informiert werden. Dies sollte auch zu Beginn jedes Arbeitstages, bewertet mit aktuellen Kursen, erfolgen.

Das Risikomanagement, bzw. die mit der Aufsicht des Handels betraute Instanz, hätte einen **semidetaillierten Informationsbedarf**. Grundsätzlich reichen Aggregationen aus, jedoch muß der Zugriff in unterschiedlichen Aggregationsstufen ermöglicht werden: Detaillierte Auswertungen, um die Aktionen des Handels nachzuvollziehen, und ebenso Aggregationen auf Geschäftsleitungsniveau, um bei Rückfragen die fraglichen Zahlen schnell und kompetent erläutern zu können. Darüber hinaus muß der Manager die Möglichkeit zur Durchführung eigener Aggregationen haben, da so bspw. verschiedene Handelstische getrennt

---

[371] Vgl. u.a. KOLL/NIEMEIER (1995), S. 138; MEYERSIEK (1995), S. 4 f.; TROTT ZU SOLZ (1991), S. 2.

[372] Vgl. BEHME (1996), S. 37 f.

[373] Vgl. CHAMONI/ZESCHAU (1996), S. 76; SOUTHALL (1996), S. 569.

voneinander beurteilt werden können. Ebenfalls müssen die Auslastung der Limite, das aktuelle Handelsergebnis sowie die Positionen aller Händler für Auswertungen und evtl. frühzeitiges Eingreifen zur Verfügung stehen. Dies macht einen jederzeitigen Zugriff auf aktuelle Daten erforderlich. Detaildaten, die sich auf einzelne Geschäfte beziehen, werden aber trotzdem die Ausnahme bleiben.

Die Geschäftsführung hat dagegen gänzlich andere Bedürfnisse. Hier müssen die Informationen auf der **geringsten Detailierungsstufe** in kurzer und prägnanter Weise dargestellt werden. Eine grafische Aufbereitung des Datenmaterials erleichtert dies. Der Vorstand muß darüber informiert werden, welche Positionen die Unternehmung über ihre Realgeschäfte hinaus eingegangen ist und warum dies geschehen ist.[374] Die einzelnen Positionen sollten jeweils nach Geschäftsarten getrennt dargestellt werden, so daß dem unterschiedlichen Risikogehalt verschiedener Produkte Rechnung getragen wird. Weiterhin müssen offene Positionen nach erfolgter Aggregation und das overnight bestehende Verlustpotential ausgewiesen werden. Zusätzlich sollten Szenarien dargestellt werden, aus denen hervorgeht, welchen Verlust bestimmte Schwankungen verschiedener Parameter erzeugen würden.[375] Das Spitzenmanagement muß in der Lage sein, entsprechende Reports jederzeit abzurufen, und sollte grundsätzlich mindestens einmal täglich über die Risikopotentiale in Kenntnis gesetzt werden. In festgelegten Intervallen, z.B. wöchentlich, sind dem Vorstand kommentierte Worst-Case-Szenarien vorzulegen. Es ist stets zu bedenken, daß die Verantwortung für eingegangene Risiken in letzter Konsequenz bei der Geschäftsführung liegt.

Systeme auf dem Stand der heutigen Technik können eine große Hilfe bei der Erstellung und Auswertung von Informationen sein. Sie ermöglichen teilweise sogar die Ausgabe von Empfehlungen. Darüber darf jedoch nicht vergessen werden, daß die finale Entscheidung in menschlicher Hand liegen und nicht ausschließlich an den Ratschlägen der Maschine orientiert sein sollte.[376] Die Rechenleistung, die moderne Computer in sich vereinigen verführen allzu leicht dazu, deren Ergebnisse als "letzte Wahrheit" zu akzeptieren.

---

[374] Vgl. ROTBERG (1992), S. 41.
[375] Vgl. ROTBERG (1992), S. 41.
[376] Vgl. hierzu auch SCHMINKE (1992) S. 422, der auf die "Suggestivkraft des Bildschirms"

4.5 Sicherheitsaspekte

Die Sicherheitsanforderungen im DV-Bereich gliedern sich in drei zentrale Kategorien: Vertraulichkeit, Integrität und Verfügbarkeit.[377] Entsprechende Schutzmaßnahmen sollen unberechtigte Einblicke verhindern, die Richtigkeit und Vollständigkeit von Daten wahren und die Verfügbarkeit bei Nachfrage gewährleisten.[378] Der Stellenwert der Sicherheit bei Entwicklung bzw. Einsatz des RMS ist aus den zu erwartenden Kosten bei nicht korrekter Funktionsweise bzw. nicht Verfügbarkeit des Systems abzuleiten.[379]

Das grundlegende Sicherungsinstrument im täglichen Betrieb des RMS ist ein strukturiertes Berechtigungssystem mit einer Zugangskontrolle über Paßwörter, Magnetkarten o.ä.[380] Durch die Berechtigungen wird festgelegt, welche Programmteile und Daten der jeweilige Anwender aufrufen bzw. verändern darf.[381] Hier ist auch hinterlegt, wer unter **Vertraulichkeitsgesichtspunkten** berechtigt ist, bestimmte Informationen zu erhalten bzw. Auswertungen durchzuführen. Darüber hinaus müssen Veränderungen am System, wie z.B. das Ändern eines Reports, in jedem Fall protokolliert und von unabhängiger Stelle geprüft werden.[382] Wünschenswert wäre es, wenn das Berechtigungssystem des RMS mit den anderen Softwareprodukten in der Unternehmung kompatibel wäre und sich der Pflegeaufwand dadurch minimieren ließe.

Nicht nur kriminelle Energie, auch schlichte Bedienungs- bzw. Eingabefehler können die **Integrität** des Datenbestandes gefährden. Aus diesem Grund sollte das RMS über umfangreiche Prüfalgorithmen verfügen, um evtl. Fehler von Seiten des Benutzers weitestgehend auszuschließen. Ergänzend müssen Kontrollprogramme vorhanden sein, die Dateninkongruenzen[383] aufdecken und beseitigen können. Die Plausibilität der Datenbestände ist bei der unternehmensweiten Aggregation von Daten besonders gefährdet, was den Einsatz entsprechender Programme erfordert, die den Abgleich unterschiedlicher Da-

---

verweist.
[377] Vgl. u.a. SCHEIBE (1991), S. 45; LIPPOLD (1991), S. 317; sehr ausführlich KERSTEN (1995), S. 75 ff.
[378] Vgl. SCHEIBE (1991), S. 45.
[379] Einen Ansatz zu derartigen Berechnungen entwickelt STRAUSS (1991), S. 44 ff.
[380] Sehr ausführlich mit Darstellung verschiedener Modelle bei KERSTEN (1995), S. 105 ff.
[381] Vgl. RODEWALD (1995), S. 531 f.
[382] Vgl. KERSTEN (1995), S. 61.
[383] Diese können neben Eingabefehlern auch durch Übertragungsfehler oder defekte Hard- oder Software entstehen.

tenbanken überwachen. Weiterhin muß gewährleistet werden, daß alle benötigten Daten vollständig zur Verfügung stehen. Insbesondere im Bereich des Reporting kann durch gezieltes Zurückhalten von Informationen ein Eindruck erweckt werden, der die Realität nicht adäquat widerspiegelt. Zugriffe auf das Auswertungsmodul, hier besonders das Reportingmodul, bedürfen höchsten Ansprüchen an das Berechtigungssystem.

Neben der Problematik, die mit den eingesetzten Daten verbunden ist, gilt es, auch für die **Verfügbarkeit** der eingesetzten Hard- und Software Vorsorge zu treffen. Planungen sind insbesondere für die beiden folgenden Fälle der Nichtverfügbarkeit des Systems anzustellen: Zunächst müssen Vorkehrungen für eine Unterbrechung des laufenden Betriebes getroffen werden. Oberste Priorität muß hierbei die Minimierung des Datenverlustes, gefolgt von der möglichst schnellen Wiederherstellung der Handlungsbereitschaft haben. Als Lösungskonzepte bieten sich z.B. Backup-Server an, die ein Spiegelbild des tatsächlichen Servers darstellen und bei Störungen automatisch den Betrieb übernehmen.[384] Darüber hinaus sind regelmäßige Sicherungen des Datenbestandes vorzunehmen.[385] Besonders unter dem Gesichtspunkt einer möglichst hohen Verfügbarkeit des Systems ist qualifiziertes Personal unerläßlich, damit technische Probleme unverzüglich beseitigt werden können.[386]

Der unwahrscheinlichere, aber mit drastischeren Konsequenzen behaftete Fall, ist der dauernde Verlust des Rechenzentrums oder eines gesamten Gebäudes inklusive Personal. Derartige Situationen verlangen eine schriftliche Notfallplanung, die im Ernstfall die Wiederaufnahme des Betriebs innerhalb kürzester Zeit sicherstellt.[387] Für diese Zwecke können Verträge mit Ausweich- oder mobilen Rechenzentren geschlossen werden.[388] Hauptproblem stellt hier der Verlust qualifizierten Personals und nicht reproduzierbarer Daten dar. Um den Datenverlust möglichst gering zu halten, sind Sicherungen der Datenbestände in geeigneten Tresoren, vorzugsweise räumlich von gefährdeten Gebäuden getrennt, zu verwahren.[389] Falls sich eine räumliche Trennung nicht realisieren

---

[384] Vgl. RODEWALD (1995), S. 529.
[385] Die Sicherung in C/S-Systemen bedarf dabei besonderer Konzepte. Vgl. ADAMIK (1995).
[386] Vgl. COOPERS&LYBRAND (1996), S. 213.
[387] Vgl. CHANCE (1996), Absatz 4.17 ff.
[388] Vgl. SCHEIBE (1991), S. 53; RODEWALD (1995), S. 529 f.
[389] Vgl. SCHEIBE (1991), S. 53.

läßt, müssen Planungen durchgeführt werden, wie im Notfall trotzdem in den Besitz der Daten gelangt werden kann.

Als übergeordnete Forderung ist die Notwendigkeit des Schutzes vor unerlaubtem Zugriff durch Dritte herauszustellen, eine Gefahr die gerade bei großen Netzwerken bzw. solchen mit Verbindungen zur Außenwelt[390], besteht.[391] Hier können neben Integritäts- und Vertraulichkeitsgesichtspunkten u.U. auch Datenschutzaspekte berührt werden.[392] Übersteigt das Netzwerk der Unternehmung eine gewisse Größe (z.B. MAN oder WAN) und erfordert dies einen vermehrten Zugriff auf öffentliche Datenübertragungsnetze, sollten kryptographische Verfahren eingesetzt werden, die eine Entschlüsselung der Daten erschweren oder für den Laien gänzlich ausschließen.[393] Ein weiterer Problemkreis, der durch das Vorhandensein von Verbindungen des Computernetzes zur Außenwelt[394] eröffnet wird, ist das Einbringen von sog. Computerviren. Letztere können bedeutenden Schaden an den Datenbeständen der Unternehmung hervorrufen.[395]

4.6 Erfüllung gesetzlicher Vorgaben

Der Einsatz eines RMS stellt nicht für alle Unternehmen eine freiwillige Entscheidung dar. Für Kreditinstitute wird er vom Gesetzgeber zwingend vorgeschrieben. Im folgenden Abschnitt wird ausgeführt, welche Institutionen über entsprechende Gesetzgebungskompetenzen verfügen bzw. Vorschläge erlassen und bereits vorliegende Regelungen kurz dargestellt.[396]

Die Beachtung gesetzlicher Auflagen bei der Konzeption eines RMS ist zwingend erforderlich, da sonst evtl. Nachbesserungen erfolgen oder Sekundärsysteme erstellt werden müssen. Generell ist zu bedenken, daß die betrieblichen Anforderungen an das RMS stets höher sein werden, als die der Aufsichtsbehörden. In diesem Sinne ist das System für die Unternehmung und *auch* für den

---

[390] An dieser Stelle sind Zugangsmöglichkeiten über Telekommunikationsleitungen gemeint.
[391] Vgl. ADAM (1995), S. 290 f.
[392] Zur Unterscheidung von Datensicherheit und Datenschutz vgl. STRAUSS (1991), S. 40.
[393] Vgl. ADAM (1995), S. 291.
[394] An dieser Stelle ist bereits ein ungesichertes Diskettenlaufwerk als Verbindung zur Außenwelt zu interpretieren.
[395] Ausführlich behandelt in STRAUSS (1991), S. 245 ff.
[396] Für weitergehende Ausführungen vgl. u.a. BURGHOF/RUDOLPH (1996); BOOS/HÖFER (1995) u. (1995a); SCHULTE-MATTLER (1994) u. (1994a).

Gesetzgeber zu entwickeln, da eine umgekehrte Vorgehensweise am sprunghaft steigenden Komplexitätsgrad scheitern könnte.

Die nachfolgenden Ausführungen sind nur für Unternehmen gültig, die dem KWG unterliegen, und besitzen daher für Nichtbanken keine Geltung. Da aber auch Großunternehmen teilweise über sehr ausgedehnte Finanzanlagen verfügen, scheint es in der Praxis Usus zu werden, sich an den Vorgaben für Banken zu orientieren.[397]

In Deutschland liegt die Aufsicht über die Kreditinstitute beim **Bundesaufsichtsamt für das Kreditwesen** (BAKred) in Verbindung mit dem Bundesfinanzministerium und der Deutschen Bundesbank.[398] Vorschriften und Erlasse erfolgen grundsätzlich im Einvernehmen dieser Institutionen.[399] Die Gesetzesvorgaben werden durch die Empfehlungen supranationaler Gremien ergänzt, die jedoch keinen bindenden Charakter haben. Allerdings ist festzustellen, daß viele dieser Vorschläge in deutsches Recht umgesetzt worden sind.[400] Wichtige Einrichtungen sind die **Bank für internationalen Zahlungsausgleich**, BIZ, die als zwischenstaatliches Institut 1930 gegründet wurde. Ihr gehören die weltweit wichtigsten Notenbanken an.[401] Weiterhin der **Baseler Ausschuß**, offiziell "Ausschuß für Bankengesetzgebung und Bankenaufsicht", eine supranationale Einrichtung ohne Kompetenzen. Er beruht auf keinem Staatsvertrag o.ä., sondern wurde von der BIZ geschaffen.[402] Als drittes bleibt die 1974 gegründete **IOSCO** zu nennen, ein Zusammenschluß der internationalen Wertpapieraufsichtsbehörden. Das dem Baseler Ausschuß vergleichbare Technical Committee ist ihr wichtigstes Gremium.[403]

Neue gesetzliche Rahmenbedingungen haben sich in jüngster Vergangenheit besonders dem Risikomanagement und insbesondere auch dem Einsatz derivativer Instrumente zugewandt. Bereits 1994 forderte der Baseler Ausschuß gemeinsam mit der IOSCO ein "[...] *adäquates Risikomanagementverfahren mit laufender Messung, Überwachung und Kontrolle der Risiken* [sowie] *genaue*

---

[397] Vgl. MEISTER/OECHLER (1996), S. 131.
[398] Vgl. SCHULTE-MATTLER/TRABER (1995), S. 11 ff.
[399] Vgl. BURGHOF/RUDOLPH (1996), S. 64.
[400] Vgl. BURGHOF/RUDOLPH (1996), S. 94.
[401] Alle europäischen Notenbanken (außer Albanien und einigen GUS-Staaten) sowie die Notenbanken Australiens, Kanadas, Japans, Südafrikas und der USA.
[402] Vgl. GEISSMANN (1991), S. 31.
[403] Vgl. FLESCH (1996), S. 1044.

und zuverlässige Managementinformationssysteme".[404] Diese und weitergehende Forderungen fanden in Form nachstehender Regelungen Eingang in die deutsche Gesetzgebung:[405]

Durch die **fünfte KWG-Novelle** wurde u.a. der Kreditbegriff auf verbriefte Forderungen und verschiedene derivative Instrumente erweitert, wodurch die Anrechnung von Wertpapiergeschäften auf die Kreditlinien der betroffenen Geschäftspartner notwendig wurde. Dies stellte neue Anforderungen an das Berichtswesen in bezug auf Organ-, Groß- und Millionenkredite gegenüber der Bundesbank und an die Risikoaggregation innerhalb des RMS.[406] Im Rahmen der **sechsten KWG-Novelle** soll u.a. die Kapitaladäquanzrichtlinie der EU in deutsches Recht umgesetzt werden.[407] Diese regelt durch die Neufassung des Grundsatzes I zu §10 KWG[408], welche Geschäfts- und damit Risikoübernahmemöglichkeiten für ein Kreditinstitut bestehen,[409] da die Unterlegung von Geschäften mit Eigenkapital, entsprechend den mit ihnen verbundenen Risiken, verändert werden soll. In diesem Zuge werden konkrete Modelle benannt, die zur Berechnung der Eigenkapitalunterlegung anerkannt sind und daher in das RMS integriert werden dürfen.[410]

Die im Bezug auf diese Arbeit wichtigsten gesetzlichen Veränderungen finden sich in den neuen **Mindestanforderungen an das Betreiben von Handelsgeschäften der Kreditinstitute**. Hier werden vorwiegend qualitative Normen aufgestellt, insbesondere die Forderung nach Einrichtung eines RMS, welches v.a. die anfallenden Marktrisiken erfassen und quantifizieren soll. Zukünftig haben alle Kreditinstitute ein einheitliches und ggf. konzernweites Risikosteuerungssystem einzurichten, dessen Verfahren in regelmäßigen Abständen überprüft und ständig weiterentwickelt werden sollen. Das System muß in der Lage sein, neben verschiedenen Szenarien auch Worst-Case- und Event-Szenarien zu bewerten und das mögliche Verlustpotential zu errechnen. Weiterhin wird hier die funktionale und organisatorische Trennung von Handel und Abwicklung

---

[404] Vgl. o.V. (1994), S. 1.
[405] Es werden jeweils nur die für das RMS relevanten Änderungen behandelt. Darüber hinausgehende Ausführungen finden sich u.a. bei SCHULTE-MATTLER/TRABER (1995) und BURGHOF/RUDOPLH (1996).
[406] Vgl. RIEBELL (1996), S. 82.
[407] Vgl. ARTOPOEUS (1996), S. 152.
[408] Vgl. KWG (1995).
[409] Vgl. SCHULTE-MATTLER (1994a), S. 1412.

festgeschrieben, die das RMS durch entsprechende Verfahren und Schutzmaßnahmen sicherzustellen hat.[411]

Abschließend sei das **Marktrisikopapier** des Baseler Ausschusses vom Frühjahr 1995 erwähnt. Hier wird den Banken u.a. freigestellt, zur Ermittlung ihrer Eigenkapitalhinterlegung interne Risikosteuerungsmodelle einzusetzen. Somit kann das RMS jedes Kreditinstitutes ein an die individuellen Verhältnisse angepaßtes Modell verwenden, solange bestimmte qualitative und quantitative Mindestparameter eingehalten werden.[412]

Die Auferlegung gesetzlicher Regelungen dient dazu, Kreditinstitute vor Schäden aus unsachgemäß gesteuerten Risiken zu bewahren und so einer möglichen Bankenkrise als Folge der Insolvenz einzelner Bankhäuser vorzubeugen. Zur Vermeidung derartiger Konsequenzen ergehen Vorgaben, die den Vergleich des Risikogehalts von Geschäften unterschiedlicher Kreditinstitute ermöglichen sollen. Der Baseler Ausschuß schlägt dazu vor, den Banken die Wahl freizustellen, entweder ein bankenaufsichtliches Standardverfahren oder ein eigenes Risikomeßverfahren einzusetzen. Letzteres muß dabei bestimmten Anforderungen der Bankenaufsicht genügen.[413]

Bzgl. der Umsetzung der rechtlichen Anforderungen in das RMS soll abschließend noch einmal darauf hingewiesen werden, daß v.a. Techniken der Risikomessung, die Eingang in Gesetze gefunden haben, aufgrund der langen Vorlaufzeiten, nicht den neuesten Wissensstand repräsentieren können.[414] Das System muß daher so ausgestaltet sein, daß es den internen Anforderungen gerecht wird und daneben auch die gewünschten gesetzlichen Auswertungen durchführt.

---

[410] Ausführlich in BOOS/HÖFER (1995), S. 286 ff.; BOOS/HÖFER (1995a).
[411] Vgl. JAKOB (1995), S. 479 f.
[412] Vgl. MEISTER/OECHLER (1996), S. 127 f.
[413] Vgl. BURGHOF/RUDOLPH (1996), S. 118.
[414] Vgl. BURGHOF/RUDOLPH (1996), S. 112.

5 Implementierung des Systems

5.1 Vorbemerkungen

Die vorangegangenen Ausführungen haben die Möglichkeiten und Grenzen eines DV-gestützten RMS aufgezeigt. Hier soll nun betrachtet werden, wie sich die Implementierung in eine bestehende Unternehmung gestaltet.

In der Informatik/Wirtschaftsinformatik versteht man unter Implementierung die softwaretechnische Umsetzung eines Programmkonzeptes sowie die Auswahl geeigneter Hardwarestrukturen.[415] Da es nicht Ziel dieser Arbeit ist, die tatsächliche Umsetzung eines RMS zu beschreiben und da weiterhin im Modellrahmen verschiedenste Hardwarelösungen möglich sind, soll der Begriff für die folgenden Ausführungen eine andere Bedeutung erhalten. Die Problematik der Implementierung sei hier im betriebswirtschaftlichen Sinne als ein Prozeß der Organisationsentwicklung[416] verstanden, der die Veränderungen in der Unternehmung als Voraussetzung der erfolgreichen Einführung eines RMS beschreibt. Es soll aufgezeigt werden, wie das Risikomanagement in die Organisation eingebunden werden muß, wie die notwendigen Veränderungen für Personal und Geschäftsleitung zu gestalten sind, und in welchem Umfang technische Probleme eine Rolle spielen. Erst wenn die Implementierung des Risikomanagements erfolgreich durchgeführt wurde, kann das RMS effektiv zu dessen Unterstützung eingesetzt werden. Daher gestaltet sich die Abfolge zur Gestaltung eines schlüssigen Konzeptes in zwei Schritten:

1. Implementierung des Risikomanagements,

2. Einführung des unterstützenden RMS.

Ohne näher auf die verschiedenen Modelle der Organisationsentwicklung eingehen zu wollen,[417] sei hier darauf hingewiesen, daß Veränderungen in Organisationen i.d.R. nur dann erfolgversprechend sind, wenn sie geplant wurden.[418] Das Grundkonzept des organisatorischen Wandels nach Lewin beinhaltet dabei zunächst die Auftauphase ("Unfreezing") die die Organisation aus dem Gleichgewichtszustand heraushebt und die Bereitschaft zur Veränderung herausbildet.

---

[415] Vgl. u.a. HUSSAIN/HUSSAIN (1995), S. 327 ff.; O'BRIEN (1995), S. 413; PARKER (1989), S. 679 ff.

[416] Zum Begriff der Organisationsentwicklung vgl. SCHREYÖGG (1996), S. 484 ff.

[417] Sehr ausführlich bei SCHREYÖGG (1996), S. 488 ff.

Darauf folgt die eigentliche Veränderung ("Moving"), die nach Beendigung durch die Stabilisierungsphase ("Freezing") abgeschlossen wird.[419] Im Rahmen dieser Arbeit soll dabei die Phase der Veränderung betrachtet werden, vor- und nachbereitende Konzepte werden als vorhanden vorausgesetzt.

Hauptsächlichen Einfluß auf die Implementierung des Risikomanagements nehmen die in Abbildung 3 dargestellten Faktoren. Namentlich sind dies die Unterstützung durch die Geschäftsführung, die Ausgestaltung einer entsprechenden Organisationsstruktur, die einzusetzende Technik und eine adäquate Personalpolitik.

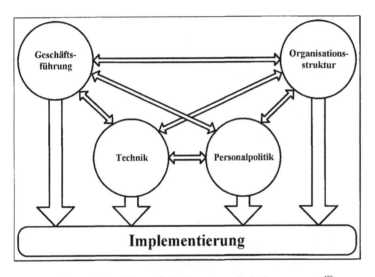

Abbildung 3: Schlüsselfaktoren der Implementierung des Risikomanagements[420]

Da das RMS erst dann sinnvoll in die Unternehmung eingeführt werden kann, wenn zuvor ein strukturiertes Risikomanagement geschaffen wurde, werden nachfolgend die vier hauptsächlichen Einflußfaktoren, die dem Risikomanagement innerhalb der Unternehmung Profil geben, betrachtet und ihre Interdependenzen mit dem entwickelten System aufgezeigt.

---

[418] Vgl. STAEHLE (1991), S. 548 f.
[419] Vgl. LEWIN nach SCHREYÖGG (1996), S. 479 f.
[420] In Anlehnung an FATZER (1993), S. 36 u. WERNER (1992), S. 119, mit eigenen Ergänzungen.

5.2 Aufgaben der Geschäftsführung

Dieser Abschnitt behandelt die Anforderungen, die im Zuge der Implementierung an die Geschäftsführung gestellt werden. Dies sind vorrangig die Einbeziehung des Risikomanagements in die strategische Unternehmensplanung, und allgemein die stärkere Integration des Risikomanagements in das Alltagsgeschäft.

Die Geschäftsführung einer Unternehmung bewegt sich in einem Spannungsfeld strategischer Erfolgsfaktoren. Einerseits nehmen Komplexität, Globalisierung und Dynamik der Umwelt ständig zu, wodurch steigende Risiken begründet werden, andererseits sinken die Margen aufgrund erhöhten Konkurrenzdrucks. Auf den immer stärker internationalisierten Märkten kann die Unternehmung günstiger anbieten, die niedrigere Kosten für Sicherungsmaßnahmen aufwenden muß. Der Trend wird daher zukünftig zu einer relativen statt absoluten Risikobetrachtung gehen: Der Erfolg einer Sicherungsmaßnahme muß sich dabei an der Kostenersparnis im Vergleich zu den Anstrengungen eines Konkurrenten messen lassen. In diesem Rahmen wird nicht mehr das niedrigste, sondern das angemessenste Exposure die beste Wahl sein.[421] So muß mit Blick auf die Mitbewerber die für das jeweilige Unternehmen optimale Gewinn/Risiko-Position gefunden werden.[422] Dabei gilt es nicht, Risiken um jeden Preis zu minimieren, sondern den Grad zu finden, der einen angemessenen Erfolg verspricht, ohne überproportionale Risiken in sich zu bergen.[423]

In Anbetracht solcher Überlegungen verwundert es, daß die **Einbeziehung des Risikomanagements in die strategische Planung**[424] in vielen Unternehmen noch in den Anfängen steckt.[425] Erst sukzessive wird damit begonnen, dem Risikomanagement einen höheren Stellenwert beizumessen und es in die unternehmerische Zielbildung einfließen zu lassen.[426] Ist dieser Prozeß erst vollzogen,

---

[421] Vgl. HEPP (1994), S. 765; FRANKE/MENICHETTI (1994), S. 682.
[422] Vgl. FROOT/SCHARFSTEIN/STEIN (1994), S. 31.
[423] Vgl. MAIER/LENGEFELD (1996), S. 360; PARKER (1995), S. 13.
[424] Zum Begriff der strategischen Unternehmensplanung vgl. SCHREYÖGG (1991), S. 101 f.
[425] Vgl. HEPP (1994), S. 764.
[426] Es wird davon ausgegangen, daß die grundlegenden Unternehmensziele bereits festgelegt wurden und durch eine entsprechende Risikokomponente ergänzt werden sollen. Zur Problematik der unternehmerischen Zielbildung vgl. u.a. BRAUN (1984), S. 41 ff.

können darauf aufbauend Maßnahmen erarbeitet werden, die zur langfristigen Sicherstellung des Erfolges am Markt notwendig sind.[427]

Die Ziele, die bzgl. der risikopolitischen Strategie[428] zu formulieren sind, sollten sich zunächst an einer Analyse des Ist-Zustandes der Unternehmung orientieren.[429] Probleme, die dabei zutage treten können, sind bspw. stark schwankende Gewinne aus dem Auslandsgeschäft oder beständig zu hohe Exposures in bestimmten Geschäftsbereichen. Es könnte aber auch festgestellt werden, daß nicht genügend Know-how innerhalb der Unternehmung zur Verfügung steht, um eine solche Analyse mit dem gebotenen Fachwissen durchzuführen. Im ersten Fall kann die Zielvorgabe auf eine Stabilisierung der Einkünfte hinauslaufen. Im zweiten Fall ist an einer niedrigeren Stufe anzusetzen, dem Aufbau eines funktionierenden Risikomanagements innerhalb der Unternehmung.

Einstimmig fordert die vorliegende Literatur, die Festlegung der geschäftspolitischen Risikopräferenz und damit auch der Risikopolitik der Unternehmung durch das oberste Management.[430] In der Natur dieser unternehmerischen Entscheidung liegt, daß damit Chancen und Risiken eröffnet werden. Angesichts der unter Ungewißheit zu treffenden Dispositionsentscheidungen muß sich die Unternehmensleitung an den individuellen Möglichkeiten des Hauses orientieren. D.h., sie muß prüfen und entscheiden, inwieweit die Unternehmung in der Lage und bereit ist, Risiken zu übernehmen. Dies hat unter besonderer Berücksichtigung der Eigenkapitalausstattung und der Risikofreudigkeit des Managements zu geschehen.[431] Röller bezeichnet die Einbindung der Risikopolitik in die Unternehmensstrategie als eine *"Führungsaufgabe par excellence"*.[432]

Die Aufgaben der Geschäftsführung beschränken sich in diesem Zusammenhang allerdings nicht ausschließlich auf strategische Entscheidungen. Es gibt weitere mögliche Aufgabenbereiche, bei denen die Einbindung der Geschäftsführung in

---

[427] Vgl. die Ausführungen von HINTERHUBER (1992), S. 19 f. zum strategischen Entscheidungsprozeß.

[428] Analog dem unternehmerischen Zielbildungsprozeß wird auch in bezug auf die Strategien davon ausgegangen, daß diese für die Unternehmung bereits festgelegt wurden und durch die Einbeziehung eines Risikoprofiles ergänzt werden sollen. Eine darüber hinausgehende Darstellung des Strategiebildungsprozesses findet sich u.a. bei HINTERHUBER (1992); TROTT ZU SOLZ (1991), S. 95 ff.

[429] Vgl. HEPP (1994), S. 767.

[430] Vgl. stellvertretend KOERNER (1989), S. 495; HALLER (1986), S. 9.

[431] Vgl. SCHMINKE (1992), S. 422.

[432] RÖLLER (1989), S. 21.

der Literatur jedoch differenziert betrachtet wird. Bspw. sieht Krümmel die Risikoanalyse als Aufgabe der Geschäftsleitung.[433] Rotberg hingegen fordert, eine Abteilung zu installieren, deren Mitglieder sich ausschließlich mit der Prüfung riskanter Geschäfte und ihrer Verlustursachen beschäftigen.[434] Die unmittelbare Einbindung der Geschäftsleitung scheint aufgrund mangelnden Spezialwissens nicht angebracht. Sinnvoller wäre die aktive Einbeziehung der betroffenen Fachabteilungen sowie das Hinzuziehen der Geschäftsführung bei der finalen Entscheidungsfindung zu beurteilen.

Diese Ausführungen sollen nicht in der Weise verstanden werden, daß die Aufgaben der Geschäftsleitung im Risikomanagement-Prozeß auf die Kenntnisnahme von Kennzahlen und die einmalige Entscheidung im Risikoanalyse-Prozeß zu reduzieren ist. Tatsächlich muß der gesamte Prozeß des Risikomanagements auf allen Stufen von der Kompetenz und der Autorität der höchsten Geschäftsführungsebene begleitet werden. Diese muß insbesondere auch bei der Festlegung der verschiedenen Szenarien und Prognosen sowie der Ahndung von Limitüberschreitungen beteiligt sein. Zudem ist von ihr zu klären, welche Finanztitel für welche Zwecke eingesetzt werden dürfen[435] und welche Kennzahlen zu deren Erfassung herangezogen werden sollen.

In ihren Ausführungen legen Scharpf/Luz die Anforderungen an die oberste Geschäftsleitung in einem Forderungskatalog fest, der neben der Kenntnis der wesentlichen Risiken auch die Vorgabe von Rahmenbedingungen für das Risikomanagement erwartet. Letztere sollen sich beziehen auf:[436]

- Die geschäftspolitischen Ziele und Strategien, die mit Finanzgeschäften verfolgt werden.
- Die Märkte, an denen gehandelt werden darf.
- Art, Umfang, rechtliche Gestaltung und Dokumentation der Geschäfte.
- Die Instrumente, die im Rahmen des Risikomanagements einzusetzen sind.
- Den Kontrahentenkreis, mit dem Geschäfte betrieben werden dürfen.

---

[433] Vgl. KRÜMMEL (1989), S. 41; ähnlich auch BRAKENSIEK (1991), S. 32 ff.
[434] Vgl. ROTBERG (1992), S. 41.
[435] Dies ist von besonderer Bedeutung, wenn die Unternehmung derivative Finanzinstrumente einsetzt (vgl. SCHARPF/LUZ (1996), S. 50).
[436] Vgl. SCHARPF/LUZ (1996), S. 55; analog zu BAKred (1995), S. 2.

- Die Verantwortlichkeiten und Funktionen einzelner Mitarbeiter und Arbeitseinheiten sowie die personelle Ausstattung.

- Die Limitsysteme und Verfahren wie bei Limitüberschreitungen zu reagieren ist.

- Das interne Kontrollsystem und die technische Ausstattung.

- Die Verfahren zur Messung, Analyse, Überwachung und Steuerung von Risiken.

- Verfahren wie bei extremen Marktentwicklungen zu reagieren ist .

- Das interne und externe Rechnungswesen.

- Das interne Reporting.

Diese Punkte werden größtenteils nur in der Konzeptionsphase und bei den nachgeschalteten turnusmäßigen Prüfungen des Systems behandelt. Mittels dieses Kataloges wird ein umfangreiches und lückenloses Risikomanagementkonzept erstellt, wobei die Partizipation der Geschäftsleitung bei dessen Entwicklung sicherstellen soll, daß die Forderungen bzgl. eines möglichst optimalen Kenntnisstandes der Geschäftsleitung erfüllt werden.[437]

Es bleibt anzumerken, daß die Mittel, die in die Entwicklung bzw. den Kauf eines RMS fließen, sicherlich als eine strategische Investition zu sehen sind. Allerdings darf die Geschäftsführung nicht darauf vertrauen, daß allein mit dieser Investition genug für den strategischen Bereich Risikomanagement getan wurde. Risikomanagement ist eine Aufgabe der Geschäftsführung und muß auch als solche verstanden werden. Schließlich ist die Geschäftsführung in letzter Instanz für die Geschicke der Unternehmung verantwortlich. Dementsprechend muß sie bei einem zentralen Thema wie dem Risikomanagement in einem gebührenden Maße an der Entscheidungsfindung beteiligt werden.

Zusammenfassend sind folgende Forderungen an die Geschäftsführung zu stellen:

- Einbindung der Risikokomponente in die strategische Unternehmensplanung.

- Festlegung einer Risikopräferenz für die Unternehmung.

---

[437] Vgl. SCHARPF/LUZ (1996), S. 53 ff.; COOPERS&LYBRAND (1996), S. 37.

- Aktive Teilnahme an der Konzeption des RMS bzw. der Ausgestaltung der Rahmenvorgaben.

- Aktive Förderung des Risikomanagements, insbesondere in der Implementierungsphase.

- Aktive Partizipation am täglichen Risikomanagement.

5.3 Organisationsstruktur

In diesem Abschnitt soll aufgezeigt werden, welche Möglichkeiten es gibt bzw. welche Voraussetzungen geschaffen werden müssen, um das Risikomanagement und darauf folgend das RMS in die Organisation einer Unternehmung einzuführen. Zum besseren Verständnis der Problematik werden zunächst einige organisationstheoretische Grundsichten ausgeführt, die auch auf die sozialen und informellen Strukturen innerhalb der Organisation hinweisen sollen. Daran schließt sich eine Betrachtung verschiedener Eingliederungsmöglichkeiten des Risikomanagements in die Unternehmung an.

Die Organisationstheorie unterscheidet, je nach gewähltem Blickwinkel, den funktionalen und den institutionellen Organisationsbegriff.

Der klassische Ansatz der **funktionalen Betrachtungsweise** konzentriert sich dabei auf das Problem der organisatorischen Regelung, die auf die dauerhafte Sicherstellung effizienter Arbeitsabläufe abzielt. In diesem Sinne verstehen die Wirtschaftswissenschaften die Organisation als einen Teil der Unternehmung, der als Mittel zur Erreichung der Unternehmensziele dient.[438] Organisation wird hier, neben Funktionen wie Planung und Kontrolle, als eine Aufgabe der Geschäftsführung verstanden.[439]

Wenn die Betrachtung auf das gesamte System gerichtet erfolgt und dabei besonderer Wert auf das soziale Gefüge der Unternehmung gelegt wird, spricht man vom **institutionellen Organisationsbegriff.**[440] Dieser versteht Organisation als Sammelbegriff, der alle Systeme erfaßt, die eine spezifische Zweckorientierung, geregelte Arbeitsteilung sowie beständig festgelegte Grenzen aufwei-

---

[438] Vgl. BÜHNER (1989), S. 1.
[439] Vgl. u.a. LAUX/LIERMANN (1993), S. 3; SCHREYÖGG (1996), S. 5 ff.; BÜHNER (1989), S. 2 f.

sen.[441] Die institutionelle Betrachtungsweise wirft aufgrund ihres erweiterten Blickwinkels Probleme auf, die bei einer funktionalen Sicht nicht zutage treten; so wird insbesondere die soziale Komponente des menschlichen Zusammenwirkens zu einem Kernthema.

Die Argumentation bzgl. des zu verwendenden Organisationsbegriffs läßt auf beiden Seiten Vor- und Nachteile erkennen.[442] Hier sei den Ausführungen von Schreyögg gefolgt, der argumentiert, daß die institutionelle Sichtweise überlegen sei, weil sie ein umfassenderen Ansatz bietet und insbesondere die Nichtbefolgung organisatorischer Regelungen sowie informelle Strukturen erklärt werden können.[443] Letzteres ist wichtig für die Erklärung von Widerständen gegen Veränderungen auf Seiten der Mitarbeiter.[444]

Nach Klärung des Organisationsbegriffes sollen einige kurze Ausführungen zur **Organisationsstruktur** gemacht werden. Wie bereits oben erläutert, ist es Aufgabe der Organisation, für die zielgerichtete Erfüllung der unternehmerischen Gesamtaufgabe arbeitsteilig durch mehrere Aufgabenträger[445] zu sorgen.[446] Dazu wird durch Regeln eine rational gestaltete Struktur geschaffen, die als **formale Organisation** bezeichnet wird. Da eine Unternehmung jedoch immer auch ein soziales System darstellt, bildet sich zudem eine **informale Organisation**, bestehend aus den persönlichen Zielen, Wünschen und Verhaltensweisen der Mitarbeiter, heraus.[447] Derartige Strukturen müssen bei Planungsvorgängen bzgl. der Neueinführung oder Veränderung von formalen Organisationsstrukturen entsprechend berücksichtigt werden.[448] Für die grundsätzlichen Überlegungen zur Implementierung soll hier jedoch zunächst die formale Struktur im Vordergrund stehen, da die informalen Strukturen individuell verschieden sind.

Darüber hinaus sollen zwei übliche Unterscheidungen im **Organisationsgrad** dargestellt werden: Erfolgt die Festlegung einer Aufgabe nach den Merkmalen

---

[440] Vgl. LAUX/LIERMANN (1993), S. 3.
[441] Vgl. SCHREYÖGG (1996), S. 9 ff.; BÜHNER (1989), S. 4 f.
[442] Vgl. bspw. BÜHNER (1989), S. 4 f vs. SCHREYÖGG (1996), S. 10 f.
[443] Vgl. SCHREYÖGG (1996), S. 10 f.
[444] Vgl. Abschnitt 5.5.
[445] Aufgabenträger in der Unternehmung können Menschen oder Maschinen sein. An dieser Stelle sind Mitarbeiter gemeint.
[446] Vgl. BÜHNER (1989), S. 5.
[447] Vgl. BÜHNER (1989), S. 6; SCHREYÖGG (1996), S. 14 ff.
[448] Diese Problematik wird in Abschnitt 5.5 näher betrachtet.

der Verrichtung[449], spricht man von **Aufbauorganisation**. Sie gliedert die Unternehmung in arbeitsteilige Einheiten und koordiniert diese.[450] Die **Ablauforganisation** legt darauf aufbauend die zielgerichtete und detaillierte Steuerung der einzelnen Tätigkeiten fest.[451] Sie bestimmt auf diese Weise das prozessuale Handeln, während die Aufbauorganisation ausschließlich mit der Struktur der Unternehmung betraut ist. Aufgrund dieser Trennung handelt es sich nicht um konkurrierende Sichtweisen, sondern um verschiedene Gesichtspunkte desselben Organisationsproblems.[452] Da der Entwurf einer detaillierten Ablauforganisation in dieser Arbeit zu weit führen würde, seien die nachfolgenden Ausführungen auf Anmerkungen zur Aufbauorganisation beschränkt.

Das Risikomanagement erfordert eine klare strukturelle **Eingliederung in die Organisation der Unternehmung**: Es müssen Positionen oder Abteilungen bestimmt bzw. gebildet werden, die für diesen neuen Aufgabenkreis verantwortlich sind. Eine möglichst effiziente Aufgabenverteilung, die Überschneidungen bzw. Lücken vermeidet, verlangt ein klar strukturiertes organisatorisches Konzept. Diese Forderung gewinnt vor dem Hintergrund an Bedeutung, daß eine mangelhafte Handhabung der Thematik neben möglichen rechtlichen Konsequenzen auch nachhaltige Schädigungen der wirtschaftlichen Ertragskraft der Unternehmung hervorrufen kann.

Eine für alle Unternehmen gültige Empfehlung bzgl. der hierarchischen Eingliederung des Risikomanagements kann nicht gegeben werden. Vielmehr ist die organisatorische Ausgestaltung abhängig von dem Geschäftszweck der jeweiligen Unternehmung, ihrer Größe und ihrer bereits bestehenden organisatorischen Struktur. Um das Konzept eines integrierten RMS erfüllen zu können, bedarf es einer Eingliederung, die Entscheider auf allen Hierarchiestufen einbezieht. Unstrittig scheint zu sein, daß das Risikomanagement eine Aufgabe der obersten Geschäftsleitung ist,[453] die mindestens durch Rahmenvorgaben am Prozeß beteiligt sein und regelmäßig über die aktuellen Risikopositionen informiert werden muß. Ihre Aufgabe ist es weiterhin, die Eigenverantwortlichkeit der

---

[449] Die Verrichtung legt fest, *was* geistig oder körperlich zu tun ist. (Vgl. BÜHNER (1989), S. 10).

[450] Vgl. LAUX/LIERMANN (1993), S. 196 f.

[451] Vgl. LAUX/LIERMANN (1993), S. 196 u. 197.

[452] Vgl. BÜHNER (1989), S. 11. Weitere detaillierte Ausführungen zur Aufbauorganisation finden sich a.a.O. S. 61 ff., zur Ablauforganisation a.a.O. S. 177 ff.

[453] Vgl. FÜRER (1990), S. 60.

nachgeordneten Ebenen klar festzulegen und Anreize für verantwortungsbewußtes, eigenständiges Risikomanagement zu schaffen.[454]

Es liegt nahe, die Behandlung finanzwirtschaftlicher Risiken einer ggf. bereits vorhandenen Finanzabteilung zu übertragen. Da anzunehmen ist, daß jede Unternehmung, gleich welcher Organisationsform,[455] ab einer gewissen Größe über eine eigenständige Finanzabteilung verfügt, stehen folgende Möglichkeiten der organisatorischen Integration zur Verfügung:

1. Eingliederung in die bestehende Finanzabteilung,

2. Schaffung einer eigenständigen Abteilung,

3. dezentrales Risikomanagement in den jeweiligen Fachbereichen.

Somit engt sich die Fragestellung auf den Grad der Zentralisierung ein.[456] Es kann davon ausgegangen werden, daß das Risikomanagement für die meisten Unternehmen keine gänzlich neue Thematik ist. Oftmals sind bereits dezentrale Risikomanager vorhanden. Dabei handelt es sich vielfach um Controller, die Risikomanagementaufgaben übernehmen, oder um speziell eingesetzte Risikomanager, die in einem abgegrenzten Fachbereich tätig sind. Hier kristallisieren sich bereits die Vorteile einer **Dezentralisierung** heraus:[457]

• Es wird ein hohes Maß an Flexibilität gewährleistet.

• Das Spezialwissen in den Fachabteilungen kann genutzt werden.

• Es ist größere Nähe zum Markt bzw. den Fachabteilungen gegeben.[458]

• Größere Autonomie bzw. Eigenverantwortlichkeit erzeugt ggf. eine höhere Motivation der Mitarbeiter.[459]

• Risikovermeidungsanreize werden stärker ausgeprägt.[460]

Je größer jedoch die Risikopotentiale und je komplexer die eingesetzten Finanztitel sind, desto wichtiger wird eine Abteilung, die sich ausschließlich mit dem Risikomanagement beschäftigt. Darüber hinaus wird ab einer gewissen Unter-

---

[454] Vgl. RÖLLER (1989), S. 20.
[455] BRÜHWILER (1980), S. 129 diskutiert die Eingliederung in funktionale, objektbezogene (auch divisionale oder regionale) und Matrix-Organisationen.
[456] Zu diesem Schluß kommt auch SEIFERT (1980), S. 156 ff.
[457] Vgl. RÖLLER (1989), S. 21.
[458] Vgl. RUDOLPH (1994), S. 590.
[459] Vgl. SIEFERT (1995), S. 63.

nehmensgröße die Einführung einer zentralen Stelle notwendig, die neben den eigentlichen Risikomanagementaufgaben auch Koordinationsfunktionen zwischen dezentralen Risikomanagern und den involvierten Fachabteilungen wahrnimmt.[461] Weitere Vorteile der **Zentralisierung** lauten:

- Es gibt eine einheitliche Anlaufstelle für Probleme aus den Fachabteilungen.

- Es werden konsistente bzw. einheitliche Risikoanalysen sichergestellt.

- Die Konzentration von Fachwissen trägt zur Bildung eines "Know-how-Pools" bei.[462]

- Reibungsverlusten bzw. Übersicherungen etc. werden durch besseren Überblick über die unternehmensweiten Risikopotentiale minimiert.

- Langfristige Aspekte können besser geplant werden.

- Eine ggf. höhere hierarchische Stellung innerhalb der Unternehmung würde für die notwendige Durchsetzungskraft, auch bei unpopulären Maßnahmen, Sorge tragen.

Der Vergleich der Vorteile beider Strukturen läßt keine eindeutige Entscheidung für eine rein zentrale oder rein dezentrale Ansiedlung zu. Vielmehr wird offensichtlich, daß die Vorteile der Zentralisierung gleichzeitig die Nachteile der Dezentralisierung sind, und umgekehrt. Es scheint, daß eine klar strukturierte Mischform, deren Etablierung im übrigen auch in der vorliegenden Literatur[463] überwiegend gefordert wird, den größten Nutzen stiften kann. Konkret sollen zentral Koordinations- und Aggregationsaufgaben sowie Kontrollfunktionen wahrgenommen und Rahmenvorgaben erlassen werden. Dezentral ist die eigentliche Steuerung der Risiken in den jeweiligen Fachbereichen vorzunehmen.[464] Der Informationsfluß zwischen zentralen und dezentralen Risikomanagern soll durch Ausschüsse und Gremien gewährleistet werden, die auch für die Risikoanalysen in den jeweiligen operativen Bereichen zuständig sind. Darüber

---

[460] Vgl. RUDOLPH (1994), S. 590.

[461] Vgl. FÜRER (1990), S. 60.

[462] Vgl. SIEFERT (1995), S. 63.

[463] Vgl. u.a. KRUMNOW (1995), S. 351; KOERNER (1989), S. 500; GROSS/KNIPP-SCHILD (1995), S. 72 f; RUDOLPH (1993), S. 130.

[464] Vgl. GROSS/KNIPPSCHILD (1995), S. 73.

hinaus kann die Bildung von Spezialausschüssen in Erwägung gezogen werden, die sich konzentriert mit einzelnen Risikokategorien beschäftigen.[465]

Eine allgemein gültige Aussage über den **optimalen Zentralisierungsgrad** kann nicht gegeben werden, da sie vom Einzelfall abhängt. Eine solche Festlegung ist aber für das entworfene RMS auch nicht notwendig. Es ist herauszustellen, daß es nicht die technologischen Entwicklungen an sich sind, welche die Effizienz eines funktionierenden Risikomanagements ausmachen, sondern die Fähigkeit, die Organisation der Unternehmung so zu gestalten, daß ein RMS die Qualität von Leistungen und Entscheidungen positiv beeinflussen kann.[466] Das heißt nicht zwangsläufig, daß sich die Organisation der Technologie anpassen muß. Das entwickelte Konzept ist modular genug, um auf allen Positionen, die mit risikobehafteten finanzwirtschaftlichen Vorgängen betraut sind, eingesetzt zu werden und dies ohne Veränderungen bestehender Arbeitsabläufe. In manchen Fällen werden Unternehmen ihre Aufgaben jedoch neu verteilen müssen. Nur so kann eine konsistente Anwendung des Systems gewährleistet und Mißbrauch verhindert werden. Als Beispiel sei hier die Trennung von operativem Geschäft und Kontrollfunktion genannt. Der Einsatz des konzeptionierten Systems ist nur dann sinnvoll möglich, wenn die organisatorischen Rahmenbedingungen in der Form gegeben sind, daß überschneidungsfreie Zuständigkeiten und Kontrollinstanzen über alle relevanten Unternehmensteile schlüssig verteilt werden können. Der Argumentation von Dube, daß "[...] *organisatorische Einzellösungen als Bestandteil und Stärke der traditionellen Arbeitsteilung* [...]"[467] bestehenbleiben können, ist unter diesen Gesichtspunkten nicht zu folgen. Der entscheidende Faktor, um aus einem RMS einen strategischen Wettbewerbsvorteil zu ziehen, ist die integrierte Erfassung der Risikopotentiale über möglichst weite Teile der Unternehmung hinweg. Daher ist ein System, das vorwiegend aus Insellösungen besteht, vermutlich sogar eher kontraproduktiv. Hohe Reibungsverluste an den Schnittstellen, Datenredundanzen und Inkonsistenzen bei der Vergabe von Rechten und Befugnissen müssen befürchtet werden.

---

[465] Vgl. GROSS/KNIPPSCHILD (1996), S. 96 f.
[466] Vgl. KOERNER (1989), S. 495.
[467] DUBE (1995), S. 83.

Folgende Thesen fassen die wesentlichen Merkmale und Anforderungen an die Organisation zusammen:

- Wichtigste Voraussetzung für ein effizientes unternehmensweites Risikomanagement ist der Informationsfluß. Die relevanten Daten müssen nicht nur von oben nach unten und umgekehrt, sondern gleichzeitig auch horizontal zwischen den Geschäftsbereichen fließen.[468]

- Es ist nicht von Belang, ob das Risikomanagement in einer eigenen Abteilung untergebracht oder einer bereits bestehenden Finanz- oder Controllingabteilung[469] zugeordnet wird.

- Das Management der Risiken kann auch dezentral erfolgen, wobei jedoch zumindest für eine zentrale Stelle zur Datensammlung zu sorgen ist, die Aggregationsaufgaben wahrnehmen kann.

- Gewisse Mindestanforderungen müssen ungeachtet der evtl. bereits bestehenden Strukturen erfüllt werden.[470] Insbesondere ist die Trennung von operativen Tätigkeiten und Kontrollfunktionen organisatorisch, personell und ggf. sogar räumlich zu vollziehen, wodurch Zielkonflikte der Mitarbeiter grundsätzlich vermieden werden können. In gleicher Weise ist das Risikomanagement vom operativen Geschäft abzugrenzen, da dies maximale Unabhängigkeit gewährleistet. Die Trennung von Ausführung und Kontrolle soll durchgehend durch alle Hierarchien der Unternehmung erfolgen. Kreditinstitute müssen die gesetzlichen Regelungen[471] zur Funktionstrennung beachten und sollten den diesbezüglichen Empfehlungen internationaler Gremien Folge leisten.[472]

---

[468] Vgl. RÖLLER (1989), S. 21.
[469] Auf die Diskussion, ob Risikomanagement eine Aufgabe des Controlling sei, soll an dieser Stelle nicht eingegangen werden. Konträre Meinungen liefern u.a. KOPP (1992), S. 4; BAKred (1995), S. 5; PRAHL (1996), S. 154; GROSS/KNIPPSCHILD (1995), S. 72 f; KALTENHAUSER (1993), S. 348.
[470] Eine Auflistung der gesetzlichen Anforderungen an die Organisationsstruktur in Kreditinstituten bietet JAKOB (1996), S. 151.
[471] Vgl. angegebene Quellen in Abschnitt 4.4.
[472] Vgl. GROSS/KNIPPSCHILD (1995), S. 71.

5.4 Technik

Der Schwerpunkt des vorliegenden Abschnittes liegt nicht auf der Implementierung des Risikomanagements als Prozeß der Organisationsentwicklung, sondern betrachtet direkt die Einführung des RMS als Softwareprodukt. Diese abweichende Vorgehensweise wurde gewählt, da die technische Komponente große Bedeutung für die Einführung des RMS hat, für die organisatorischen Implementierung des Risikomanagements aber nur von marginalem Interesse ist.

Die Integration eines neuen Systems in die bereits vorhandene DV-Infrastruktur verursacht Schwierigkeiten, die in Hard- und Software- sowie Datenprobleme unterteilt werden können:

Hauptproblem bei der Einführung des neuen Systems in die bereits vorhandene Softwarelandschaft der Unternehmung sind mögliche Inkompatibilitäten mit den Datenschnittstellen anderer Programme sowie die Gewährleistung des kontinuierlichen Datenflusses aus diesen Programmen in die Datenbank des RMS.

Die **Überwindung nicht standardisierter Schnittstellen** kann durch den Einsatz von Konversionsprogrammen erfolgen, die die vorhandenen Datenbestände in das neue Format überführen. Dies setzt die Existenz einer Funktion zum Datenexport in der alten Software sowie zum Datenimport im RMS voraus.

Im Regelfall wird ein einmaliger Datenaustausch jedoch die Ausnahme darstellen. Statt dessen müssen alle Datenänderungen in den vorhandenen Systemen möglichst zeitgleich in die Datenbank des RMS übertragen, also ein **ununterbrochener Datenfluß** sichergestellt werden. Nur so kann gewährleistet werden, daß das RMS stets auf aktuelle Daten zugreifen kann. Dazu ist es wichtig zu erkennen, in welchen Intervallen die zugrundeliegenden Daten verändert werden. Dies kann, je nach Art der Daten, mehrmals pro Minute oder auch nur wenige Male pro Jahr der Fall sein. Je öfter die Aktualisierung erfolgen muß, desto schwieriger ist die Umsetzung in der Praxis, ohne den ordnungsgemäßen Betrieb der exportierenden Software zu unterbrechen. Weiterhin ist die Problematik doppelter Datenhaltung mit den daraus resultierenden Gefahren, wie Dateninkonsistenzen etc., zu beachten und durch geeignete Maßnahmen zu minimieren.

In bezug auf die **Hardware** stellt sich die Frage, ob die vorhandene Ausstattung ausreicht, erweitert oder ausgetauscht werden muß. In Anlehnung an die in Abschnitt 4.2.2 gemachten Aussagen, bleibt festzustellen, daß diese Entscheidung primär von der bereits vorhandenen Hardware abhängt. Die Einführung des RMS kann gleichzeitig auch für eine Neuausrichtung der DV-Infrastruktur genutzt werden. So erfordert bspw. die Einführung eines Data Warehouses vermutlich in jedem Falle Erweiterungen der Hardware. Ausgehend von dieser neuen Skalierung ließe sich im Rahmen eines Rightsizing die gesamte Hardwarestruktur überholen, ein Kostenfaktor, der in seiner Höhe nicht unterschätzt werden darf. Aus diesem Grunde ist zu vermuten, daß in der Praxis die Software zunächst der vorhandenen Hardware angepaßt wird. Aufgrund der flexiblen Konzeption des RMS ist diese Vorgehensweise problemlos möglich, solange sichergestellt ist, daß jederzeit auf die benötigten Daten zugegriffen werden kann. Es wäre auch zu überdenken, das System in mehreren Stufen sukzessive zu erweitern und mit der Einführung neuer Hardwarekonzepte ebenfalls schrittweise neue Funktionalitäten anzubieten.

Die Probleme auf der **Softwareseite** sind insbesondere unter dem Aspekt der Kompatibilität zu sehen. Es muß Sorge dafür getragen werden, daß das RMS mit dem eingesetzten Betriebssystem lauffähig ist, sich evtl. simultan laufende Programme nicht gegenseitig behindern oder dieser Betrieb gar unmöglich ist.[473] Vor diesem Hintergrund ist die oben angesprochene Skalierung der Hardware kritisch zu betrachten. Gerade in Konzepten, die den Betrieb in einem Umfeld mit heterogener Hardware vorsehen, muß entschieden werden, welche Programmteile auf welcher Hardware ablaufen sollen. So wäre es bspw. möglich, umfangreiche Auswertungen auf Mainframes zu fahren, während die Präsentation der Ergebnisse auf dem lokalen PC erfolgt. Je nach Hardwareausstattung kann somit die Software auf verschiedene Rechnerarchitekturen verlagert werden. Bei der Überlegung, welcher Programmteil für welche Plattform entwickelt werden soll, spielt die DV-Infrastruktur ebenso wie das langfristige Entwicklungskonzept eine bedeutende Rolle.

Da die Software stets auch die Schnittstelle zum Mitarbeiter ist, sollte bei der Entwicklung Wert auf die Einhaltung gewisser Standards gelegt werden. Dar-

---

[473] Problematisch sind hier insbesondere speicherresidente Programme.

unter fallen zunächst grundlegende Aspekte der Benutzerfreundlichkeit. Auch sollte sich die neue Software von der Bedienerführung her gesehen möglichst analog bereits vorhandener Programme verhalten. Dies gewährleistet eine schnellere Eingewöhnung der Anwender und kann so helfen, Widerstände gegen das neue System abzubauen. Darüber hinaus sind manuelle Eingaben zu minimieren und falsche oder fehlende Eingaben bereits vor Ausführung abzufangen und anzuzeigen.[474]

Die dargestellten Aufgaben enden nicht mit Abschluß der Implementierung. Ein dynamischer und komplexer Aufgabenbereich wie das Risikomanagement wird stetige Änderungen sowie die permanente Weiterentwicklung der DV-Systeme erfordern.[475] Die DV-Abteilung muß dabei sicherstellen, daß sich sowohl die Software als auch die Hardware stets im Gleichschritt mit der technologischen Entwicklung befinden.[476]

Folgende Anforderungen sind zusammenfassend an die DV-Abteilung zu stellen:

- Entwickeln schlüssiger praktikabler Möglichkeiten bzgl. der Datenaufnahme von anderen Programmen.

- Vorlegen eines langfristigen Konzeptes bzgl. der Planung der DV-Infrastruktur und der Plattformen, auf denen das RMS eingesetzt werden soll.

- Sicherstellen der Kompatibilität des RMS mit der bereits eingesetzten Software und dem installierten Betriebssystem.

- Gewährleisten von Benutzerfreundlichkeit und Standardisierung im Rahmen der bereits vorhandenen Software.

- Permanentes Weiterentwickeln des RMS sowie Anpassen an die Möglichkeiten neuer Techniken.

[474] Vgl. SOUTHALL (1996), S. 567 f.
[475] Vgl. HAGEN/JAKOBS (1996), S. 639.
[476] Vgl. PRAHL (1996), S. 91 f.; KOERNER (1989), S. 500.

5.5 Personalpolitik

Die bisher ausgeführten Maßnahmen nehmen zum Teil erheblichen Einfluß auf die Mitarbeiter. Dies gilt sowohl in quantitativer Hinsicht als auch bezogen auf die Qualifikation des Personals. Diese Vorgaben werden auf dem Wege der Personalplanung[477] an die Personalentwicklung weitergegeben.

Im Laufe des Organisationsentwicklungsprozesses müssen sich die Verantwortlichen der unternehmerischen Personalpolitik häufig noch einer weiteren Herausforderung stellen: Bei Implementierungsvorgängen wie der Einführung eines neuen Systems oder neuer Arbeitstechniken, müssen die dabei auftretenden Widerstände bzw. Anpassungsbarrieren auf Seiten des Personals soweit wie möglich aufgelöst werden.

Veränderungen in der Organisation führen in aller Regel zu **Widerständen bei den betroffenen Mitarbeitern**.[478] Im Falle der Einführung des Risikomanagements könnte die bessere Nachvollziehbarkeit der getätigten Handlungen sowie das Gefühl der stärkeren Kontrolle und Überwachung ausschlaggebend dafür sein. Auch die Angst, steigenden Qualifikationsanforderungen evtl. nicht mehr zu genügen und deshalb seinen Arbeitsplatz zu verlieren oder den Bereich wechseln zu müssen, kann Ressentiments begründen.[479] Darüber hinaus wird der Wandel der formalen Organisation auch eine Veränderung der informalen Organisation nach sich ziehen. Dies kann für einige Mitarbeiter den Verlust informeller Macht bedeuten, was diese zu verhindern versuchen werden.[480] Ein Hemmfaktor, der speziell in der Diskussion um die Einführung neuer Informationssysteme relativ häufig genannt wird, ist die sog. "Technikfeindlichkeit". Sie beschreibt die Aversion von Mitarbeitern gegen den Einsatz von Computern.[481] Diese basieren vorwiegend auf Frustrationserlebnissen bzw. dem Gefühl der Minderqualifikation vor derartig komplexen Systemen.[482]

Neben den genannten Faktoren, die direkt auf den Mitarbeiter wirken, können weitere Gründe für die Ablehnung der Implementierung des Risikomanagements

---

[477] Vgl. DRUMM (1989), S. 122 ff.
[478] Vgl. KRAINZ (1995), S. 4; STAEHLE (1991), S. 900.
[479] Vgl. MIDDELHOFF (1987), S. 362.
[480] Vgl. SCOTT (1981), S. 368 ff.; STAEHLE (1991), S. 376 f.
[481] CASHMORE/LYALL (1991), S. 274 f. benutzen den Begriff "Technophobia" und zeigen Möglichkeiten für den Umgang auf.
[482] Vgl. LOOSS (1993), S. 87.

verantwortlich sein. So z.B. der traditionell gewachsene Umstand, daß die Kreditabteilung i.d.R. über einen höheren Personalbestand für die Betreuung von Risiken verfügt als dies in den Handelsabteilungen der Fall ist. Dabei wird heutzutage die Diskrepanz zwischen Personalbestand und tatsächlich bewegten Risiken immer größer. Vor dem Hintergrund des stetig anwachsenden Geschäftes mit Finanzinnovationen stellt sich die Frage, ob diese traditionelle Verteilung des Personals so noch Bestand haben sollte. Diese Fragestellung birgt ein nicht zu unterschätzendes Konfliktpotential in sich, da die Machtverteilung in einer Unternehmung häufig immer noch von der Zahl der untergebenen Mitarbeiter abgeleitet wird. Daher ist abzusehen, daß die Reduzierung oder Umplazierung von Personal auch bei einigen Personalverantwortlichen auf Widerstand stoßen könnte.

Die Reihe der Ursachen möglicher Abwehrreaktionen ließe sich noch weiterführen. Da an dieser Stelle jedoch nur auf die grundsätzliche Behandlung der Problematik eingegangen werden soll, sei auf die umfangreich vorhandene Literatur verwiesen.[483]

Die Organisationsentwicklung soll Lösungsansätze entwickeln, um **den genannten Widerständen entgegenzuwirken**. Dies kann bspw. durch frühzeitige Information sowie Schulung der involvierten Mitarbeiter erreicht werden.[484] Ein solches Vorgehen beugt der Entstehung von Gerüchten und den damit verbundenen Ängsten vor.[485] Begleitend könnte ein externer oder interner Change Agent[486] eingesetzt werden, der unter Anwendung verhaltenswissenschaftlicher Methoden die betroffenen Mitarbeiter von der Vorteilhaftigkeit der bevorstehenden Veränderung überzeugt.[487]

Darüber hinaus ist es als wichtig zu erachten, daß alle Beteiligten in der Unternehmung die Entschlossenheit der Geschäftsführung erkennen, die neue Struktur durchzusetzen. Für die Geschäftsleitung hat dies zur Konsequenz, Risikomanagement als permanente Vorstandsaufgabe zu begreifen, um das System

---

[483] Vgl. u.a. SCHREYÖGG (1996), S. 473 ff.; PARKER (1989), S. 45. Sehr ausführlich STAEHLE (1991), S. 900 ff. Mit Schwerpunkt auf der Einführung von Kommunikationssystemen MIDDELHOFF (1987), S. 357 ff.

[484] Vgl. MIDDELHOFF (1987), S. 354; WERNER (1992), S. 123 ff.

[485] Vgl. FRESE/GEBHARDT (1991), S. 154.

[486] Eine Typologisierung von Change Agents bietet STAEHLE (1991), S. 898 ff.

[487] Vgl. MIDDELHOFF (1987), S. 356 f.

auch nach Einführung, durch aktive Unterstützung am laufen zu halten.[488] Krainz weist in diesem Zusammenhang auf das Selbssteuerungspotential der Gruppen innerhalb des sozialen Systems "Unternehmung" hin. Veränderungen sind nur dann realisierbar, wenn sie von den Gruppen mitgetragen werden.[489] Gegen ihren Willen kann auch ein hierarchisch hoch angesiedelter Manager nichts bewirken.[490] Zur Überwindung von Widerständen scheint es geboten, die Mitarbeiter möglichst aktiv in den Änderungsvorgang zu involvieren.[491] Dies kann bspw. durch Arbeitskreise und Symposien geschehen,[492] die verhindern sollen, daß das neue Konzept nur von Experten ohne die Einbeziehung betroffener Praktiker erstellt wird.[493]

Staehle faßt mögliche Maßnahmen unter den Stichworten Information, Partizipation, Unterstützung/Hilfe/Verhandlung, Kooption/Manipulation und Zwang zusammen, wobei die jeweils einzusetzenden Mittel anhand der in der Unternehmung vorherrschenden Situation ausgewählt werden.[494]

Die Personalpolitik der Unternehmung ist aber nicht darauf beschränkt, Anpassungsbarrieren der Mitarbeiter abzubauen. In einer weiteren Funktion, der **Personalentwicklung**, hat sie die Qualifikation der Mitarbeiter in einer Form zu erweitern, wie sie zur Verfolgung der Unternehmensziele genutzt werden kann.[495] Im Rahmen der diskutierten Implementierung stellt die Besetzung der relevanten Positionen im Risikomanagement v.a. in qualitativer Hinsicht ein Problem dar. Die Anforderungen, die der Arbeitsplatz des Risikomanagers stellt, sind in bezug auf Qualifikation und Charaktereigenschaften bedeutend. Das Personal soll über fundierte Praxiserfahrung und gleichzeitig über aktuelles Wissen bzgl. der Konzepte des Risikomanagements verfügen[496] sowie "[...] *motiviert, trainiert und charakterlich belastbar*"[497] sein. Um ein integriertes Risikomanagement zu schaffen, ist weiterhin die detaillierte Kenntnis der verschiedenen betroffenen Abteilungen und ihrer Arbeitsabläufe unabdingbar.

---

[488] Vgl. KRÜMMEL (1989), S. 36.
[489] Vgl. KRAINZ (1995), S. 6.
[490] Vgl. KRAINZ (1995), S. 6. Ein Praxisbeispiel bietet BRUCECHEW (1991).
[491] Vgl. FRESE/GEBHARDT (1991), S. 153 u. 154 f.
[492] Vgl. BUCHINGER (1995), S. 121.
[493] Vgl. GREINER/JACOBI (1983); MIDDELHOFF (1987), S. 356.
[494] Vgl. STAEHLE (1991), S. 905.
[495] Vgl. DRUMM (1989), S. 219.
[496] Vgl. ROTBERG (1992), S. 41.
[497] KRÜMMEL (1989), S. 55.

Setzt eine Unternehmung derivative Finanzinstrumente ein, steigt der Komplexitätsgrad ihrer Finanzanlagen i.d.R. weiter an. Insbesondere der Einsatz komplexer Produkte oder die Kombination verschiedener Derivate, fordert spezielle Fähigkeiten und Kenntnisse von Seiten der Mitarbeiter.[498] Um sicherzustellen, daß nur Derivate eingesetzt werden, deren Risiken auch vollständig bekannt sind, sowie zur Entwicklung adäquater Limitsysteme sind besonders an die mathematischen und analytischen Fähigkeiten höchste Anforderungen zu stellen.

Mitarbeiter, die diese hochgesteckten Anforderungen erfüllen, sind begehrte Fachkräfte auf dem Arbeitsmarkt. Da eine langfristige Zusammenarbeit anzustreben ist, sollten die Gehälter so bemessen sein, daß qualifiziertes Personal gefunden und auch langfristig gehalten werden kann.[499]

Um unabhängiger vom Angebot des Arbeitsmarktes zu werden und Stellen mit Fachkräften besetzen zu können, die die hausinternen Arbeitsabläufe kennen, ist die Ausarbeitung effektiver Konzepte durch die Personalentwicklung gefordert.[500] Diese sollen die Deckung des internen Personalbedarfs in qualitativer und quantitativer Hinsicht ermöglichen. Dazu können personalpolitische Instrumente, wie z.B. Versetzung oder Fortbildung dienen, die die Anpassung der individuellen Qualifikation der betreffenden Mitarbeiter an die stellenspezifischen Anforderungen begünstigen.[501] Auch die Änderung von Aufgabenzuordnungen im Sinne der Einführung von Stellenrotationskonzepten könnte angedacht werden, um die Forderung nach breiter Kenntnis der Unternehmensabläufe zu erfüllen.[502]

Eine besondere Herausforderung stellt die Entwicklung eines geeigneten Fortbildungskonzeptes für die Mitarbeiter dar, die mit derivativen Instrumenten umgehen. Die dynamische Entwicklung dieser Märkte erfordert stetige Schulung und Weiterbildung, damit Fachwissen auf dem aktuellsten Stand gewährleistet ist.

Zusammenfassend werden folgende Anforderungen an die Personalpolitik der Unternehmung gestellt:

---

[498] Vgl. MEISTER/OECHLER (1996), S. 129; BAKred (1995), S. 3.
[499] Vgl. BAKred (1995), S. 3.
[500] Vgl. CHANCE (1996), Absatz 4.5.
[501] Vgl. MIDDELHOFF (1987), S. 364.
[502] Vgl. DRUMM (1989), S. 230; OECHSLER (1988), S. 300.

- Erkennen der Tatsache, daß Veränderungen der Organisation Widerstände bei den Mitarbeitern wecken.

- Gezielter Abbau dieser Barrieren unter Einsatz personalwirtschaftlicher Instrumente.

- Deckung des Personalbedarfs in quantitativer und qualitativer Hinsicht.

- Erarbeiten von Schulungskonzepten, um Fachwissen auf dem jeweils aktuellen Stand sicherzustellen.

6 Zusammenfassung und Ausblick

Ziel dieser Arbeit war es, ein Konzept für ein DV-gestütztes System zur Steuerung finanzwirtschaftlicher Risiken zu entwerfen und die Probleme, die im Zuge der Implementierung entstehen, aufzuzeigen.

Dazu wurde zunächst eine Einordnung des Begriffs "Risiko" in die betriebswirtschaftliche Entscheidungstheorie gegeben. Anschließend wurde aus der Vielzahl der in der Fachliteratur genannten Definitionen die Begriffsbestimmung von Bitz für die weiteren Ausführungen zugrundegelegt, da diese beide Risikokomponenten - Ursache und Wirkung - beinhaltet und zudem die Quantifizierung der Zielverfehlung klar herausstellt. Darauf aufbauend wurde der Kreis der finanzwirtschaftlichen Risiken auf die für diese Arbeit relevanten Markt- und Bonitätsrisiken eingegrenzt. Diese wurden ausgeführt und ihre Determinanten herausgearbeitet.

Um ein RMS konzipieren zu können, muß zunächst der Ablauf des Risikomanagements betrachtet werden, der in der Literatur keineswegs einheitlich dargestellt wird. Aus den verschiedenen Vorgehensweisen wurde dem Konzept von Braun gefolgt, da sich anhand dessen die Möglichkeiten und Grenzen eines DV-gestützten Systems anschaulich darstellen ließen. Die vier Phasen dieses Ansatzes - Risikoanalyse, Risikobewertung, Risikosteuerung und Risikokontrolle - wurden umfassend beschrieben.

Aufbauend auf diesen Grundlagen wurde ein Konzept entworfen, wie ein RMS aufgebaut sein könnte. Ziel der Arbeit war dabei die Vorgabe eines Modellrahmens, der für alle Unternehmen, gleich welcher Branche und individueller Organisationsstrukturen, anwendbar ist und gleichzeitig Entscheider auf allen Hierarchiestufen einbezieht. Als Hauptproblem eines so breit einsetzbaren Systems erwies sich dabei die Datenbasis, was hauptsächlich auf die unterschiedlichen Informationsbedürfnissen der jeweiligen Benutzer zurückgeführt wurde.

Die Erfüllung dieser Ansprüche im Rahmen der Informationsbeschaffung, bedingt die Einbeziehung unterschiedlichster Datenquellen in das System, woraus diverse Schnittstellenprobleme resultieren. Als Lösungsmöglichkeit wurde das relativ neue Data Warehouse-Konzept vorgeschlagen, das den Transfer unterschiedlichster Daten ohne Medienbruch in eine übergeordnete Datenbank ermöglichen soll, um so die Ausschnitte aus verschiedenen DV-Systemen zu einem Gesamtbild innerhalb des RMS zusammenfügen zu können.

Im Rahmen der Informationsverarbeitung wurde die Umsetzung des Risikomanagementprozesses in ein DV-gestütztes System betrachtet und mögliche Realisierungen innerhalb der einzelnen Phasen kritisch beurteilt. Aufgrund der variablen Auslegung des Systems und der daraus resultierenden breiten Anwendbarkeit konnten keine direkten Empfehlungen ausgesprochen werden. Die Auswahl, welche Komponenten des Systems bei einer tatsächlichen Realisierung umgesetzt und welche Kennzahlen integriert werden, hängt naturgemäß von den Zielen ab, die eine konkrete Unternehmung mit dem Einsatz des RMS verfolgt. Wichtige Kriterien sind u.a. das Volumen und die Gattung der eingesetzten Finanztitel.

Eine ähnliche Problematik zeigt sich im letzten Hauptteil der Arbeit, der Implementierung. Hier wurde festgestellt, daß die Grundlage eines effektiven RMS ein zuvor in die Unternehmung eingeführtes Risikomanagement sein muß. Aus diesem Grunde wurde der Vorgang der Implementierung größtenteils unter dem Gesichtspunkt des Organisationsentwicklungsprozesses bei der Einführung des finanzwirtschaftlichen Risikomanagements behandelt.

Nachdem die Haupteinflußfaktoren für eine erfolgreiche Implementierung herausgearbeitet und ihre Interdependenzen aufgezeigt wurden, stellte sich heraus, daß besonders in den Bereichen Organisation und Personal die Einführung sehr stark von den bereits vorhandenen Gegebenheiten und Strukturen in der Unternehmung abhängt. Daher wurde der Organisationsentwicklungsprozeß, den die Unternehmung zu durchlaufen hat, von einem eher grundsätzlichen Standpunkt aus beurteilt. Hauptaugenmerk lag darauf deutlich zu machen, welche Probleme mit der Implementierung verbunden sein können, und Lösungsmöglichkeiten vorzuschlagen.

Im Verlauf der Arbeit wurde herausgestellt, daß es durchaus möglich ist, ein RMS zu entwickeln und in die Unternehmung einzuführen. Auch wenn kritische Stimmen nicht von einem Erfolg dieser Systeme überzeugt sind,[503] so scheint es doch sinnvoll, die technischen Möglichkeiten zur effektiveren Steuerung der finanzwirtschaftlichen Risiken auszunutzen.

Die Geschwindigkeit, mit der Informationen auf die Marktteilnehmer einstürzen, und die gleichzeitige Komplexität der Zusammenhänge machen den Einsatz moderner Informationssysteme unabdingbar. Dies entbindet den handelnden Menschen jedoch nicht von der Pflicht, die Ergebnisse kritisch zu überprüfen und dabei auch von Abstraktionsvermögen und Intuition Gebrauch zu machen. Die Informationstechnologie darf nur unterstützen, die menschliche Entscheidung aber nicht ersetzen.[504]

In Zukunft wird die Beachtung des relativen Risikos, also der Zielorientierung an einer Benchmark, verstärkt an Bedeutung gewinnen.[505] Hauptproblem und ein Schwerpunkt der aktuellen Forschung ist hierbei die Definition geeigneter Benchmarks. Relative Risiken können nicht nur gegenüber einem Index, sondern auch wider einen Konkurrenten auftreten. So kann ein gut eingeführtes RMS immer mehr zum strategischen Wettbewerbsvorteil werden, wenn bspw. durch Kurssicherungsmaßnahmen Verluste vermieden und auf diese Weise günstigere Einstandspreise erzielt werden können.

Der langfristige Trend wird sicherlich in Richtung integrativer Systeme gehen, die möglichst viele, idealerweise alle Risiken in der Unternehmung erfassen können. Erst eine Betrachtung des Risikopotentials über die gesamte Unternehmung hinweg ermöglicht optimale Sicherungs- und Steuerungsmaßnahmen. An dieser Stelle besteht noch Bedarf an weiterführender Forschung, insbesondere bzgl. der Bewertung von Risikopositionen und der Ermittlung ihrer Verbundwirkungen.

---

[503] Vgl. bspw. KRÜMMEL (1988), S. 16 u. 22.
[504] Sehr ausführlich hierzu BERNSTEIN (1996), S. 51.
[505] Vgl. BECKERS (1996), S. 179 ff.

ANHANG

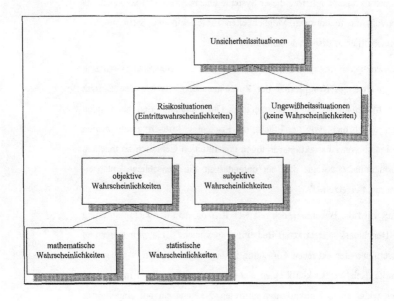

Abbildung 4: Systematik von Entscheidungssituationen[506]

---

[506] In Anlehnung an BITZ (1981), S. 348

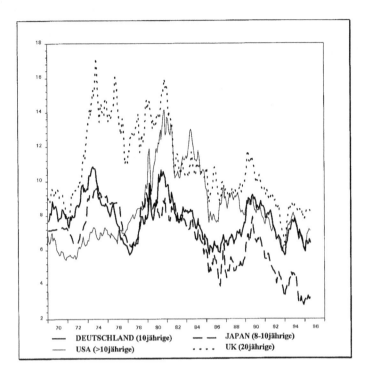

Abbildung 5: Renditen langlaufender Staatsanleihen[507]

---

[507] Quelle: DATASTREAM

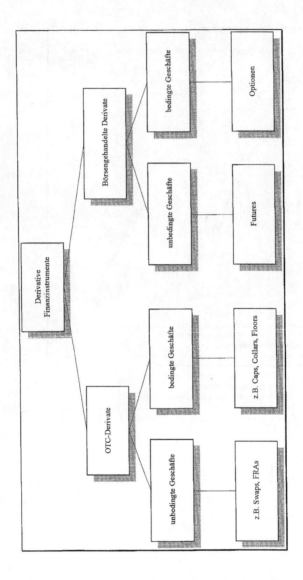

Abbildung 6: Mögliche Systematik derivativer Finanzinstrumente[508]

---

[508] In Anlehnung an FIEBACH (1994), S. 8.

Outstanding at end-March 1995 (in billions of US dollars)		
Category	OTC contracts[509]	Exchange-traded contracts[510]
Notional amounts outstanding	**47.530**	**8.186**
of which:		
Foreign exchange	17.700	60
Interest rates	28.850	7.835
Gross market values	**2.205**	
of which:		
Foreign exchange	1.420	
Interest rates	700	
Turnover in notional amounts in April 1995 (daily averages in billions of US dollars)		
Foreign exchange	720	7
Interest rates	160	563
Total	**880**	**570**

Note: Data on foreign exchange and derivatives market turnover both include transactions in outright forwards and foreign exchange swaps.

Tabelle 1: Derivatives Market Activity[511]

---

[509] Adjusted for local and cross-border double-counting; including estimated gaps in reporting. The data cover deals in forwards, swaps and options.

[510] Reported amounts have been halved to adjust approximately for double-counting. The data cover deals in futures and options.

[511] Quelle: BIZ (1996), S. 3.

Instrument	Ausstehender Nominalbetrag in Mrd. DM				
	06/93	12/93	06/94	12/94	06/95
Zinsswaps	1179	1416	1808	2199	2553
FRAs	693	729	1010	1123	923
Zinsoptionen	801	837	912	874	934
Zinsterminkontrakte	129	188	285	273	409
Währungsoptionen	308	404	538	559	615
Währungsswaps[512]	191	217	230	256	264
Aktienoptionen	27	39	60	107	56
Aktientermingeschäfte	0	1	0	5	2
Indexoptionen	79	319	164	131	174
Indextermingeschäfte	9	19	18	14	8

Tabelle 2: Ausgewählte derivative Finanzprodukte deutscher Banken[513]

---

[512] Einschließlich Zins-/Währungsswaps
[513] Quelle: MEISTER/OECHLER (1996), S. 115

LITERATURVERZEICHNIS

Adam, U. (1995), Einführung in die Datensicherheit, Würzburg 1995

Adamik, P. (1995), DV-Manager haben noch Angst vor massiven Speicherengpässen; in: Computer Zeitung Sonderausgabe: Client-Server-Architekturen, 1995, Seite 29-30

Alexander, C. (Ed.) (1996), The Handbook of Risk Management and Analysis, Chichester 1996

Artopoeus, W. (1996), Innovative Handelsgeschäfte und Bankenaufsicht; in: Sparkasse 4/96, 1996, Seite 149-155

Atre, S. (1992), Distributed Databases, Cooperative Processing & Networking, New York 1992

Bagus, T. (1992), Wissensbasierte Bonitätsanalyse im Firmenkundengeschäft der Kreditinstitute, Frankfurt am Main 1992

Bailey, W. / Ng, E. / Stulz, R.M. (1995), Optimal Hedging of Stock Portfolios: The Case of the Nikkei 225; in: Aggarwal, R. / Schirm, D.C. (Ed.): Global Portfolio Diversification, San Diego 1995, Seite 105-121

BAKred (o.V.) (1995), Verlautbarung über die Mindestanforderungen an das Betreiben von Handelsgeschäften der Kreditinstitute, Berlin 1995

Bangert, M. (1987), Zinsrisiko-Management in Banken, Wiesbaden 1987

Bannister, J.E. / Bawcutt, P.A. (1981), Practical Risk Management, London 1981

Baun, S. (1994), Neuronale Netze in der Aktienkursprognose; in: Rehkugler, H. / Zimmermann, H.G. (Hrsg.): Neuronale Netze in der Ökonomie, München 1994, Seite 131-208

Baxmann, U. (1985), Bankbetriebliche Länderrisiken, Wien 1985

Becker, W. (1995), Planung, Entscheidung und Kontrolle, Bamberg 1995

Beckers, S. (1996), A Survey of Risk Measurement Theory and Practice; in: Alexander, C. (Ed.): The Handbook of Risk Management and Analysis, Chichester 1996, Seite 171-192

Beder, T.S. (1995), VAR: Seductive but Dangerous; in: Financial Analyst Journal, September-October 1995, Seite 12-24

Beer, A. / Goj, W. (1996), Zinsrisikomanagement mit Ablaufbilanz und Barwertmethode, Stuttgart 1996

Behme, W. (1996), Business Intelligence als Baustein des Geschäftserfolgs; in: Muksch, H. / Behme, W. (Hrsg.): Das Data-Warehouse-Konzept, Wiesbaden 1996, Seite 27-46

Behme, W. / Muksch, H. (1996), Die Notwendigkeit einer unternehmensweiten Informationslogistik zur Verbesserung der Qualität von Entscheidungen; in: Muksch, H. / Behme, W. (Hrsg.): Das Data-Warehouse-Konzept, Wiesbaden 1996, Seite 3-26

Beier, G.C. (1996), Understanding the Difference Between Hedging and Speculating; in: Klein, R.A. / Lederman, J. (Ed.): Derivatives Risk and Responsibility, Chicago 1996, Seite 25-42

Beike, R. (1995), Devisenmanagement - Grundlagen, Prognose und Absicherung, Hamburg 1995

Berger, M. (1990), Hedging, Wiesbaden 1990

Bernstein, P.L. (1996), The new Religion of Risk Management; in: Harvard Business Review, Vol. 74, No 2, March/April 1996, Seite 47-51

Bernstorff, C.v. (1991), Risiko-Management im Auslandsgeschäft, Frankfurt am Main 1991

Bernstorff, C.v. (1994), Internationales Firmenkundengeschäft, Wiesbaden 1994

Bessler, W. (1989), Zinsrisikomanagement in Kreditinstituten, Wiesbaden 1989

Birkelbach, J. (1996), Softwareüberblick Derivativer Instrumente; in: Eller, R. (Hrsg.): Handbuch derivativer Instrumente, Stuttgart 1996, Seite 555-586

Bishop, M. (1996), A new nightmare in the boardroom; in: The Economist: Survey on Corporate Risk Management, Feb. 10th 1996, Seite 3-5

Bitz, M. (1981), Entscheidungstheorie, München 1981

Bitz, M. (1993), Grundlagen des finanzwirtschaftlich orientierten Risikomanagements; in: Gebhardt, G. / Gerke, W. / Steiner, M. (Hrsg.): Handbuch des Finanzmanagements, München 1993, Seite 642-669

Bitz, M. (1993a), Finanzdienstleistungen, München 1993

BIZ (o.V.) (1996), Bank für internationalen Zahlungsausgleich, Central Bank Survey of Foreign Exchange and Derivatives Market Activity 1995, Basel 1996

Bodnar, G.M. et al. (1995), Wharton Survey of Derivatives Usage by U.S. Non-Financial Firms; in: Financial Management, Vol. 24, No 2, 1995, Seite 104-114

Boos, K.-H. / Höfer, B. (1995), Die Kapitaladäquanz-Richtlinie (I); in: Die Bank 5/95, 1995, Seite 359-367

Boos, K.-H. / Höfer, B. (1995a), Die Kapitaladäquanz-Richtlinie (II); in: Die Bank 6/95, 1995 Seite 285-291

Bösl, K. (1993), Integrative Risikobegrenzung, Wiesbaden 1993

Brackert, G. / Prahl, R. (1994), Vorteile durch Mark-to-Market-Bewertung; in: Börsen-Zeitung Nr. 205 vom 25.10.1994

Braes, S. / Mann, T. (1996), Risikomanagement in Banken und Sparkassen; in: Sparkasse 6/96, 1996, Seite 253-258

Brakensiek, T. (1991), Die Kalkulation und Steuerung von Ausfallrisiken im Kreditgeschäft der Banken, Frankfurt am Main 1991

Braun, H. (1984), Risikomanagement - eine spezielle Controllingaufgabe, Darmstadt 1984

Bräutigam, D. / Eller, R. (1990), Die internationalen Bondmärkte, Haar bei München 1990

Brealey, R.A. / Myers, S.C. (1991), Principles of Corporate Finance, 4. Auflage, New York 1991

Brenner, W. (1994), Grundzüge des Informationsmanagements, Berlin 1994

Brockhaus, R. (1992), Informationsmanagement, Göttingen 1992

Brucechew, W. (1991), Die Meuterei der Maschinenschlosser; in: Harvard Manager, 13. Jg, 2/91, 1991, Seite 9-13

Brühwiler, B. (1980), Risk Management - eine Aufgabe der Unternehmensführung, Bern, Stuttgart 1980

Brüna, M. (1991), Expertensysteme in Kreditinstituten, Frankfurt am Main 1991

Buchinger, K. (1995), Zur Problematik von Fusionsprozessen im Bankwesen; in: Grossmann, R. / Krainz, E.E. / Oswald, M. (Hrsg.): Veränderung in der Organisation, Wiesbaden 1995, Seite 119-128

Bühner, R. (1989), Betriebswirtschaftliche Organisationslehre, 4. Auflage, Stuttgart 1989

Bürger, P. (1995), Risikocontrolling - Optimaler Einsatz von Handelslimiten im derivaten OTC-Geschäft; in: Rudolph, B. (Hrsg.): Derivative Finanzinstrumente, Stuttgart 1995, Seite 241-259

Burghof, H.P. / Rudolph, B. (1996), Bankenaufsicht, Wiesbaden 1996

Büschgen, H. E. (1988), Zinstermingeschäfte, Frankfurt am Main 1988

Büschgen, H. E. (1993), Internationales Finanzmanagement, 2. Auflage, Frankfurt am Main 1993

Buschmann, W.F. (1992), Risiko-Controlling - Anforderungen an die Steuerung von derivativen Finanzinstrumenten; in: Die Wirtschaftsprüfung 23/92, 1992, Seite 720-729

Bussmann, J. (1988), Das Management von Zinsänderungsrisiken, Frankfurt am Main 1988

Cashmore, C. / Lyall, R. (1991), Business Information - Systems and Strategies, New York 1991

Chamoni, P. / Zeschau, D. (1996), Management-Support-Systems und Data-Warehousing; in: Muksch, H. / Behme, W. (Hrsg.): Das Data-Warehouse-Konzept, Wiesbaden 1996, Seite 47-84

Chance, C. (1996), Managing Derivatives Risk, LIFFE Publications, Internet, http://156.48.254.4/liffe/publfoa.htm, 17.06.1996

Chorafas, D.N. (1995), Managing Derivatives Risk, Chicago, London, Singapore 1995

Coopers&Lybrand (o.V.) (1996), Generally Accepted Risk Principles, London 1996

Corrado, T. (1996), Firm-wide vapourware; in: Futures & Options World, May 1996, Seite 24-26

Cramer, J. (1993), Financial Engineering durch Finanzinnovationen, Wiesbaden 1993

CZ (1995), Computer Zeitung, Sonderausgabe September 1995: Client-Server-Architekturen, Leinfelden-Echterdingen 1995

Daigler, R.T. (1994), Financial Futures & Options Markets, New York 1994

Daube, C.H. (1995), Risikomanagement und Limitsysteme für Wertpapieranlagen; in: Sparkasse 1/95, 1995, Seite 13-16

Daube, C.H. / Take, H. (1994), Risikomanagement für Zinstitel; in: Sparkasse 5/94, 1994, Seite 220-225

Deutsch, H.P. (1996), Risiko: Management von High-Tech Geschäften mit High-Tech Systemen; in: Eller, R. (Hrsg.): Handbuch derivativer Instrumente, Stuttgart 1996, Seite 123-152

Dietz, J. / Füser, K. / Schmidtmeier, S. (1996), Kreditwürdigkeitsprüfung durch Neuronale Netze; in: Sparkasse 11/96, 1996, Seite 523-527

Disman, S.H. (1995), Standardisierte Kreditentscheidung im Privatkundengeschäft; in: Schierenbeck, H. / Moser, H. (Hrsg.): Handbuch Bankcontrolling, Wiesbaden 1995, Seite 905-919

Dorka, J. (1990), Die Möglichkeiten einer Kundenverbundanalyse zur Steuerung der Bonitätsrisiken in einem Kreditportefeuille, München 1990

Drumm, H.J. (1989), Personalwirtschaftslehre, Berlin et al. 1989

Dube, J. (1993), Computer für Genossenschaften, Wiesbaden 1993

Dube, J. (1995), Informationsmanagement in Banken, Wiesbaden 1995

Dube, J. (1995a), Expertensysteme und Neuronale Netze - Wissenstechnologie in Banken; in: Stein, J.H.v. / Terrahe, J. (Hrsg.): Handbuch Bankorganisation, 2. Auflage, Wiesbaden 1995, Seite 421-428

Dworak, B.M. (1985), Das Länderrisiko als bankbetriebliches Problem, Berlin 1985

Eales, B.A. (1995), Financial Risk Management, Maidenhead 1995

Eller, R. (1991), Modified Duration und Convexity - Analyse des Zinsrisikos; in: Die Bank 6/91, 1991, Seite 322-326

Eller, R. (1994), Stripping von Finanzinnovationen; in: Sparkasse 10/94, 1994, Seite 487-491

Eller, R. (1995), Stripping von Reverse Floater; in: Sparkasse 6/95, 1995 Seite 278-282

Eller, R. (1996), Risikomanagement von Zinsinstrumenten im Wandel der Zeit; in: Eller, R. (Hrsg.): Handbuch derivativer Instrumente, Stuttgart 1996, Seite 39-72

Eller, R. / Spindler, C. (1994), Zins- und Währungsrisiken optimal managen, Wiesbaden 1994

Endres, D. / Koch, P. (1994), Technische Bonität - Erfolgsmaß für Unternehmen und Kreditindikator für Banken; in: Sparkasse 9/94, Seite 408-411

Everling, O. (1991), Credit Rating durch internationale Agenturen, Wiesbaden 1991

Fastrich, H. / Hepp, S. (1991), Währungsmanagement international tätiger Unternehmen, Stuttgart 1991

Fatzer, G. (1993), Organisationsentwicklung und neue Technologien; in: Fatzer, G. (Hrsg.): Organisationsentwicklung für die Zukunft, Köln 1993, Seite 35-39

Feuerstein, W. (1984), Risikomessung, Risikobegrenzung und Risikodeckung bei Kreditinstituten, Frankfurt am Main 1984

Fiebach, G. (1994), Risikomanagement mit Zins-Futures und Futures-Optionen, Bern 1994

Filc, W. (1992), Theorie und Empirie des Kapitalmarktzinses, Stuttgart 1992

Finard, J.B. / Stocks, M.E. (1996), A Framework for Corporate Financial Risk Management; in: Klein, R.A. / Lederman, J. (Ed.): Derivatives Risk and Responsibility, 1996, Seite 69-84

Flesch, J.R. (1996), EU, BIZ und IOSCO - Anforderungen und Regulierungskosten der Bankenaufsicht; in: Zeitschrift für das gesamte Kreditwesen 21/96, 1996, Seite 1042-1051

Fons, J.S. (1995), Term Structure of Credit Risk; in: Ho, T.S.Y. (Ed.): Frontiers in Fixed Income Management, Chicago 1995

Franke, G. / Menichetti, M.J. (1994), Management von Währungsrisiken; in: Siegwart, H. / Mahari, J. / Abresch, M. (Hrsg.): Meilensteine im Management - Finanzielle Führung, Finanzinnovationen & Financial Engineering, Stuttgart, Zürich, Wien 1994, Seite 667-683

Frese, E. / Gebhardt, W. (1991), Managementkontrolle: Organisator; in: Staehle, W.H. (Hrsg): Handbuch Management, Wiesbaden 1991, Seite 147-166

Froot, K.A. (1995), Hedging Portfolios with Real Assets; in: The Journal of Portfolio Management, Summer 1995, Seite 60-77

Froot, K.A. / Scharfstein, D.S. / Stein, J.C. (1994), A Framework for Risk Management; in: Journal of Applied Corporate Finance, Fall 1994, Vol. 7, No 3, 1994, Seite 22-32

Fürer, G. (1990), Risk Management im internationalen Bankgeschäft, Bern 1990

Füser, K. (1995), Neuronale Netze in der Finanzwirtschaft, Wiesbaden 1995

Geissmann, B. (1991), Kreditrisiken im Auslandsgeschäft aus der Sicht der Revision, Bern 1991

Gerdsmeier, S. / Krob, B. (1994), Kundenindividuelle Bewertung des Ausfallrisikos mit dem Optionspreismodell; in: Die Bank 8/94, 1994, Seite 469-475

Gramlich, D. / Walz, H. (1991), Duration und Zinselastizität als Instrument des Zinsrisiko-Managements; in: WiSt, Heft 7, 1991, Seite 327-332

Grebe, U. (1993), Finanzwirtschaftliches Risikomanagement in Nichtbanken, Frankfurt am Main 1993

Greiner, T. / Jacobi, H.F. (1983), Beteiligung von Betroffenen bei der Entwicklung von Informationssystemen; in: Mambrey, P. / Oppermann, R. (Hrsg.): Beteiligung von Betroffenen bei der Entwicklung von Informationssystemen Frankfurt, New York 1983, Seite 230-252

Gronau, V. (1993), Volatilitätsmanagement; in: Eller, R. (Hrsg.): Modernes Bondmanagement, Wiesbaden 1993, Seite 199-217

Groß, H. / Knippschild, M. (1995), Risikocontrolling in der Deutsche Bank AG; in: Rolfes, B. / Schierenbeck, H. / Schüller, S.(Hrsg.): Risikomanagement in Kreditinstituten, Frankfurt am Main 1995, Seite 69-109

Groß, H. / Knippschild, M. (1996), Instrumente und Organisation der Risikosteuerung von Handelsaktivitäten; in: Krumnow, J. (Hrsg.): Risikosteuerung von Derivaten, Wiesbaden 1996, Seite 87-111

Guldimann, T. (1989), Risikogerechte bankinterne Revisionsplanung, Zürich 1989

Hagen, P. / Jakobs, W. (1996), Marktrisikosteuerung bei Trinkaus & Burkhardt; in: Eller, R. (Hrsg.): Handbuch derivativer Instrumente, Stuttgart 1996, Seite 631-646

Hahn, O. (1993), Factoring und Forfaitierung; in: Gebhardt, G. / Gerke, W. / Steiner, M. (Hrsg.): Handbuch des Finanzmanagements, München 1993, Seite 519-529

Haller, M. (1986), Risiko-Management - Eckpunkte eines integrierten Konzepts; in: Jacob, H. (Hrsg.): Risiko-Management, Wiesbaden 1986, Seite 7-44

Heidorn, T. / Bruttel, H. (1993), Treasury Management, Wiesbaden 1993

Hennes, W. (1995), Informationsbeschaffung Online, Frankfurt am Main 1995

Hentschel, L. / Smith, C.W. (1994), Risk and Regulation in Derivatives Markets; in: Journal of Applied Corporate Finance, Fall 1994, Vol. 7, No 3, 1994, Seite 8-21

Hepp, S. (1994), Willkommen in einer riskanten Welt: Financial Engineering als Bestandteil des unternehmerischen Risikomanagements; in: Siegwart, H. / Mahari, J. / Abresch, M. (Hrsg.): Meilensteine im Management - Finanzielle Führung, Finanzinnovationen & Financial Engineering, Stuttgart, Zürich, Wien 1994, Seite 751-775

Herbst, A.F. (1986), Commodity Futures, New York 1986

Hinterhuber, H.H. (1992), Strategische Unternehmensführung I - Strategisches Denken, 5. Auflage, Berlin, New York 1992

Hinz, H. (1989), Optimierungsansätze für das Devisenmanagement, Kiel 1989

Hölscher, R. (1987), Risikokosten-Management in Kreditinstituten, Frankfurt am Main 1987

Hölscher, R. (1987a), Die Messung bankbetrieblicher Risikokosten unter Berücksichtigung von Risikoverbundeffekten; in: Kredit und Kapital, Heft 4, 1987 Seite 522-557

Hussain, K.M. / Hussain, D.S. (1995), Information Systems for Business, 2. Auflage, Hertfordshire 1995

Jakob, K. (1996), Die Baseler Marktrisikoempfehlungen: Optionen und Risikomodelle; in: Zeitschrift für das gesamte Kreditwesen 4/96, 1996, Seite 149-151

Jakob, K.-D. (1995), Die neuen Mindestanforderungen an das Betreiben von Handelsgeschäften der Kreditinstitute; in: Sparkasse 10/95, 1995, Seite 479-481

Jarrow, R. (Ed.) (1995), Over the Rainbow - Developments in Exotic Options and Complex Swaps, London 1995

Jarrow, R. / Turnbull, S. (1996), Credit Risk; in: Alexander, C. (Ed.): The Handbook of Risk Management and Analysis, Chichester 1996, Seite 261-278

Johanning, L. (1996), Value-at-Risk Modelle zur Ermittlung der bankaufsichtlichen Eigenkapitalunterlegung beim Marktrisiko im Handelsbereich; in: Zeitschrift für Bankrecht und Bankwirtschaft 4/96, 1996, Seite 287-303

Johannsen, S. / Steinbeck, H.-H. (1995), Länderrisikobeurteilung in der Nord/LB; in: Sparkasse 10/95, 1995, Seite 482-488

Jokisch, J (1987), Betriebswirtschaftliche Währungsrisikopolitik und Internationales Finanzmanagement, Stuttgart 1987

Jorion, P. (1995), Big Bets Gone Bad - Derivatives and Bankruptcy in Orange County, San Diego 1995

JP Morgan (o.V.) (1995), RiskMetrics - Technical Document, 3. Auflage, New York 1995

Kaltenhauser, H. (1993), Risiko-Management von derivativen Finanzinstrumenten; in: Zeitschrift für das gesamte Kreditwesen 8/93, 1993, Seite 346-350

Keine, F.-M. (1986), Die Risikoposition eines Kreditinstituts, Wiesbaden 1986

Kempfle, W. (1990), Duration, Wiesbaden 1990

Kern, M. (1987), Strategische Kreditportfolioplanung, Frankfurt am Main 1987

Kersten, H. (1995), Sicherheit in der Informationstechnik, 2. Auflage, München, Wien 1995

Kirchner, H. (1996), Datenveredelung im Data-Warehouse - Transformations-programme und Extraktionsprozesse von entscheidungsrelevanten Basisdaten; in: Muksch, H. / Behme, W. (Hrsg.): Das Data-Warehouse-Konzept, Wiesbaden 1996, Seite 265-300

Kissane, D. (1996), Swaps; in: Alexander, C. (Ed.): The Handbook of Risk Management and Analysis, Chichester 1996, Seite 147-168

Klein, R.A. / Lederman, J. (Ed.) (1996), Derivatives Risk and Responsibility, Chicago 1996

Klima, K. (1987), Kreditinformations- und Kreditüberwachungssysteme; in: Bühler, W. / Schuster, L. (Hrsg.): Kreditinformations- und Kreditüberwachungssysteme, Wien 1987, Seite 113-138

Knight, F.H. (1971), Risk, Uncertainty and Profit, Chicago 1971

Koerner, U. (1989), Organisatorische Ausgestaltung des Risikomanagements im Bankbetrieb; in: Die Bank 9/89, 1989, Seite 493-501

Koll, P. / Niemeier, J. (1995), Führungsinformationssysteme - Erfahrungen, neue Ansätze und praktische Tips zur Projektdurchführung; in: Hichert, R. / Moritz, M. (Hrsg.): Managementinformationssysteme, 2. Auflage, Berlin 1995, Seite 131-157

Kopp, U. C. (1992), Quantitatives Risikomanagement in Banken - Ein Entscheidungsmodell zum Management der Geschäftsrisiken, Hallstadt 1992

Korte, B. (1992), Devisen-Controlling; in: Huch, B. / Behme, W. / Schimmel-pfeng, K. (Hrsg.): EDV-gestützte Controlling-Praxis, Frankfurt am Main 1992, Seite 197-205

Krainz, E.E. (1995), Veränderung in Organisationen; in: Grossmann, R. / Krainz, E.E. / Oswald, M. (Hrsg.): Veränderung in der Organisation, Wiesbaden 1995, Seite 3-8

Krause, C. (1993), Kreditwürdigkeitsprüfung mit Neuronalen Netzen, Düsseldorf 1993

Kroeber, D.W. / Watson, H.J. (1987), Computer-based Information Systems, 2. Auflage, New York 1987

Krümmel, H. J. (1988), Wettbewerb, Regulierung und die unternehmerische Entscheidung im Bankwesen; in: Mitteilungen aus dem Bankseminar der Rheinischen Friedrich-Wilhelms-Universität, Nr. 74, Bonn 1988

Krümmel, H.-J. (1989), Unternehmenspolitische Vorgaben für die Risikosteuerung der Bank; in: Krümmel, H.-J. / Rudolph, B. (Hrsg.): Finanzintermediation und Risikomanagement, Frankfurt am Main 1989, Seite 32-56

Krumnow, J. (1990), Risikoanalyse im Controlling einer Großbank; in: Kolbeck, R. (Hrsg.): Die Finanzmärkte der 90er Jahre - Perspektiven und Strategien, Frankfurt am Main 1990, Seite 93-120

Krumnow, J. (1995), Risikosteuerung im derivaten Geschäft; in: Lanfermann, J. (Hrsg.): Internationale Wirtschaftsprüfung, Düsseldorf 1995, Seite 343-371

Kupsch, P. U. (1973), Das Risiko im Entscheidungsprozeß, Wiesbaden 1973

KWG (1995), Gesetz über das Kreditwesen, Herbst, G. (Hrsg.), 13. Auflage, Stuttgart 1995

Laux, H. / Liermann, F. (1993), Grundlagen der Organisation, 3. Auflage, Berlin et al. 1993

Leong, K. (1996), The Right Approach; in: Risk, Vol. 9, No 6, June 1996, Seite 9-14

Leoni, W. (1990), Möglichkeiten der Wechselkursprognose, Gießen 1990

Liepach, W.E. (1993), Effizientes Devisenmanagement durch Kombination von Kurssicherungsinstrumenten, Frankfurt am Main 1993

Lippold, H. (1991), Strategie für die Informationssicherheit - Grundsätze und Instrumente; in: Lippold, H. / Schmitz, P. / Kersten, H. (Hrsg.): Sicherheit in Informationssystemen, Braunschweig 1991, Seite 315-331

Löbbe, J. (1995), Managementinformationssysteme; in: Hichert, R. / Moritz, M. (Hrsg.): Managementinformationssysteme, 2. Auflage, Berlin 1995, Seite 84-94

Loistl, O. (1990), Computergestütztes Wertpapiermanagement, 3. Auflage, München 1990

Loos, W. (1993), Alltägliche Organisationsberatung bei der Einführung neuer Technologien; in: Fatzer, G. (Hrsg.): Organisationsentwicklung für die Zukunft, Köln 1993, Seite 79-96

Maier, K.M. / Lengefeld, A. (1996), Von der Liquiditätssicherung zum rentabilitätsorientierten Risikomanagement; in: Zeitschrift für das gesamte Kreditwesen 8/96, 1996, Seite 356-362

Mannan, Z. (1996), Asset-Backed Securities,Commerzbank Research, Frankfurt am Main 1996

Marshall, J.F. / Bansal, V.K. (1992), Financial Engineering, New York 1992

Marshall, J.F. / Kapner, K.R. (1993), Understanding Swaps, New York 1993

Mayland, P. F. (1993), Bank Operating Credit Risk, Chicago 1993

Mehl, J.R. (1991), Devisenoptionen als Instrumente des Währungsrisikomanagements, Frankfurt am Main 1991

Meister, E. / Oechler, E. (1996), Risikosteuerung von Derivaten; in: Krumnow, J. (Hrsg.): Risikosteuerung von Derivaten, Wiesbaden 1996, Seite 113-133

Menichetti, M.J. (1993), Währungsrisiken bilanzieren und hedgen, Wiesbaden 1993

Meyersiek, D. (1995), Informationssysteme für Krisenzeiten - Führungsinstrumente für Wirtschaftszweige im Umbruch; in: Hichert, R. / Moritz, M. (Hrsg.): Managementinformationssysteme, 2. Auflage, Berlin 1995, Seite 1-12

Middelhoff, T. (1987), Integrierte Planung von Kommunikationssystemen, Frankfurt am Main 1987

Mugler, J. (1979), Risk Management in der Unternehmung, Wien 1979

Muksch, H. (1996), Charakteristika, Komponenten und Organisationsformen von Data-Warehouses; in: Muksch, H. / Behme, W. (Hrsg.): Das Data-Warehouse-Konzept, Wiesbaden 1996, Seite 85-116

Muksch, H. / Holthuis, J. / Reiser, M. (1996), Das Data Warehouse-Konzept - ein Überblick; in: Wirtschaftsinformatik 4/96, 1996, Seite 421-433

Mumpower, J.L. / Livingston, S. / Lee, T.J. (1987), Expert Judgement of Political Riskiness; in: Journal of Forecasting, Vol. 6, 1987, Seite 51-65

Nesseler (1987), Politische Risikoanalyse, Frankfurt 1987

Neumann, M. / Klein, M. (1982), Probleme der Theorie effizienter Märkte und ihrer empirischen Überprüfung; in: Kredit und Kapital, 15. Jg., S. 165-187

O'Brien, J.A. (1995), Introduction to Information Systems, Chicago 1995

Oechsler, W.A. (1988), Personal und Arbeit, 3. Auflage, Stuttgart 1988

o.V. (1994), Gemeinsame Pressemitteilung des Baseler Ausschusses und des IOSCO Technical Committee, Basel 1994

o.V. (1996), Immer mehr Banken züchten ihre Risiko-Management-Systeme hoch; in: Frankfurter Allgemeine Zeitung vom 08.10.96, Seite 25

o.V. (1996a), System Failure; in: The Economist: A Survey of International Banking, 1996, Seite 9-15

Parker, C.S. (1989), Management Information Systems, New York 1989

Parker, G. (1995), Dimensions of Risk Management: Definition and Implications for Financial Services; in: Beaver, W.H. / Parker, G. (Ed.): Risk Management - Problems & Solutions, New York 1995

Paul-Choudhury, S. (1996), Risk managers unhappy with IT support; in: Risk, Vol.9, No 1, Jan. 1996, Seite 10

Pausenberger, E. / Glaum, M. (1993), Management von Währungsrisiken; in: Gebhardt, G. / Gerke, W. / Steiner, M. (Hrsg.): Handbuch des Finanzmanagements, München 1993, Seite 763-785

Phillips, A.L. (1995), 1995 Derivatives Practices and Instruments Survey; in: Financial Management, Vol. 24, No 2, 1995, Seite 115-125

Ploemacher, H. / Hamm, S. (1996), Die Ermittlung von Worst-Case-Szenarien im Eigenhandel; in: Sparkasse 6/96, 1996, Seite 259-262

Podding, T. (1994), Mittelfristige Zinsprognose mittels KNN und ökonometrischer Verfahren; in: Rehkugler, H. / Zimmermann, H.G. (Hrsg.): Neuronale Netze in der Ökonomie, München 1994, Seite 209-290

Podding, T. / Wallem, A. (1994), Wechselkursprognosen; in: Rehkugler, H. / Zimmermann, H.G. (Hrsg.): Neuronale Netze in der Ökonomie, München 1994, Seite 291-336

Prahl, R. (1996), Informationen über Derivate für externe Adressaten; in: Krumnow, J. (Hrsg.): Risikosteuerung von Derivaten, Wiesbaden 1996, Seite 135-163

Preyer, H.-P. / Reinhardt, L. (1995), Die Identifizierung und das Management von Zinsrisiken im Finanzbereich; in: Rudolph, B. (Hrsg.): Derivative Finanzinstrumente, Stuttgart 1995, Seite 193-210

Priewasser, E. (1994), Die Priewasser-Prognose, Frankfurt am Main 1994

Professorenarbeitsgruppe (1987), Bankenaufsichtsrechtliche Begrenzung des Risikopotentials von Kreditinstituten; in: Die Betriebswirtschaft, 47. Jg., Heft 3, 1987, Seite 285-302

Puppe, F. (1995), Wissensrepräsentation und Problemlösungsverfahren in Expertensystemen; in: Kirn, S. / Weinhardt, C. (Hrsg.): Künstliche Intelligenz in der Finanzberatung, Wiesbaden 1995, Seite 74-96

Rahm, E. (1994), Mehrrechner-Datenbanksysteme, Bonn 1994

Redhead, K. / Hughes, S. (1988), Financial Risk Management, Hants 1988

Rehkugler, H. / Kerling, M. (1995), Einsatz Neuronaler Netze für Analyse- und Prognose-Zwecke; in: Betriebswirtschaftliche Forschung und Praxis 3/95, 1995, Seite 306-324

Reibnitz. U.v. (1991), Szenario-Technik, Wiesbaden 1991

Riebell, C. (1996), Die neuen Vorschriften auf einen Blick; in: Betriebswirtschaftliche Blätter 2/96, 1996, Seite 82-93

Rodewald, B. (1995), Objektsicherheit, Datensicherheit und Datenschutz im Bankbetrieb; in: Stein, J.H.v. / Terrahe, J. (Hrsg.): Handbuch Bankorganisation, 2. Auflage, Wiesbaden 1995, Seite 523-538

Röller, W. (1989), Risikomanagement als Führungsaufgabe; in: Krümmel, H.-J. / Rudolph, B. (Hrsg.): Finanzintermediation und Risikomanagement, Frankfurt am Main 1989, Seite 19-31 u. 57-58

Rotberg, E.H. (1992), Risk Taking in the Financial Services Industry; in: OECD (Ed.): Risk Management in Financial Services, Paris 1992

Rudolph, B. (1981), Duration: Eine Kennzahl zur Beurteilung der Zinsempfindlichkeit von Vermögensanlagen; in: Zeitschrift für das gesamte Kreditwesen 4/81, 1981, Seite 19-22

Rudolph, B. (1993), Risikomanagement in Kreditinstituten - Betriebswirtschaftliche Konzepte und Lösungen; in: Zeitschrift Interne Revision, 28. Jg., 3/93, 1993, Seite 117-134

Rudolph, B. (1994), Grundkonzeption des Risikomanagements der Kreditinstitute; in: Siegwart, H. / Mahari, J. / Abresch, M. (Hrsg.): Meilensteine im Management - Finanzielle Führung, Finanzinnovationen & Financial Engineering, Stuttgart, Zürich, Wien 1994, Seite 583-591

Rudolph, B. (1995), Derivative Finanzinstrumente - Entwicklung, Risikomanagement und bankenaufsichtsrechtliche Regelungen; in: Rudolph, B. (Hrsg.): Derivative Finanzinstrumente, Stuttgart 1995, Seite 3-44

Rudolph, B. (1995a), Ansätze zur Kalkulation von Risikokosten für Kreditgeschäfte; in: Schierenbeck, H. / Moser, H. (Hrsg.): Handbuch Bankcontrolling, Wiesbaden 1995 Seite 887-904

Ruffner, M. (1994), Herausforderung im Geschäft mit OTC-Derivaten; in: Siegwart, H. / Mahari, J. / Abresch, M. (Hrsg.): Meilensteine im Management - Finanzielle Führung, Finanzinnovationen & Financial Engineering, Stuttgart, Zürich, Wien 1994, Seite 561-582

Sättele, H.-P. (1996), Innovative Handelsgeschäfte und Anforderungen an die Bankenaufsicht; in: Sparkasse 4/96, 1996, Seite 156-159

Scharpf, P. / Luz, G. (1996), Risikomanagement, Bilanzierung und Aufsicht von Finanzderivaten, Stuttgart 1996

Scheibe, G. (1991), Bedeutung und Management der Informationssicherheit bei der RWE Energie AG; in: Lippold, H. / Schmitz, P. / Kersten, H. (Hrsg.): Sicherheit in Informationssystemen, Braunschweig 1991, Seite 41-56

Scheuenstuhl, G. (1992), Hedging-Strategien zum Management von Preisänderungsrisiken, Bern 1992

Schierenbeck, H. (1988), Ein Ansatz zur integrativen Qualifizierung bankbetrieblicher Ausfall- und Zinsänderungsrisiken; in: Gerke, W. (Hrsg.): Bankrisiken und Bankrecht, Wiesbaden 1988, Seite 43-61

Schierenbeck, H. (1994), Ertragsorientiertes Bankmanagement, 4. Auflage, Wiesbaden 1994

Schierenbeck, H. / Wiedemann, A. (1996), Marktwertrechnungen im Finanzcontrolling, Stuttgart 1996

Schmidt, D. / Warg, M. (1996), Eigenkapitalunterlegung von Optionen: Praxis und Theorie; in: Zeitschrift für das gesamte Kreditwesen 15/96, 1996, Seite 827-830

Schmidt, G. (1996), Informationsmanagement, Berlin 1996

Schminke, P.K. (1992), Zinsprognosen als Faktor für geschäftspolitische Entscheidungen; in: Sparkasse 9/92, 1992, Seite 421-423

Schmitt, H.-R. (1996), Stripping strukturierter Anleihen; in: Eller, R. (Hrsg.): Handbuch derivativer Instrumente, Stuttgart 1996, Seite 113-121

Schreyögg, G. (1991), Managementkontrolle: Strategie; in: Staehle, W.H. (Hrsg): Handbuch Management, Wiesbaden 1991, Seite 99-120

Schreyögg, G. (1996), Organisation, Wiesbaden 1996

Schulte, C. (1996a), Lexikon des Controlling, München 1996

Schulte, M. (1994), Integration der Betriebskosten in das Risikomanagement von Kreditinstituten, Wiesbaden 1994

Schulte, R. (1996), Kursänderungsrisiken bei festverzinslichen Wertpapieren, Wiesbaden 1996

Schulte-Mattler, H. (1994), Baseler Vorschlag zur Erfassung und Begrenzung von Marktrisiken; in: Die Bank 1/94, 1994, Seite 28-33

Schulte-Mattler, H. (1994a), Preisrisiken im Mittelpunkt der Sechsten KWG-Novelle; in: Wertpapier Mitteilungen, 48. Jg., Nr. 31, 1994 Seite 1412-1417

Schulte-Mattler, H. / Traber, U. (1995), Marktrisiko und Eigenkapital, Wiesbaden 1995

Schwartzmann, J.B. (1992), Forecasting Interest Rates, New York et al. 1992

Scott, W.R. (1981), Grundlagen der Organisationstheorie, Englewood Cliffs 1981

Seifert, W.G. (1980), Risk Management im Lichte einiger Ansätze der Entscheidungs- und Organisationstheorie, Frankfurt am Main 1980

Siefert, N. (1995), Das Management von Devisenkurssicherungen: Voraussetzungen und organisatorische Gestaltung im Unternehmen, Vortrag auf dem 8. Internationalen Währungsforum am 24. und 25. April 1995 in Frankfurt am Main

Siegwart, H. / Mahari, J. (1996), Strategisches Management von Finanzinnovationen, Stuttgart 1996

Sievi, F. (1996), Die Kalkulation von Zinsänderungs- und Ausfallrisiken bei Festzinskrediten im Firmenkundengeschäft, Vortrag auf der I.I.R.- Fachkonferenz: Risikomanagement-Systeme zur Gesamtbanksteuerung am 13. Februar 1996 in Mainz

Smithson, C. / Hayt, G. (1996), Exposure Measures; in: Risk, Vol 9, No 10, Oct. 1996, Seite 70-73

Solnik, B. (1996), International Investments, Paris 1996

Souren, L. (1995), Grundlagen und Praxis des Devisenhandels, Wiesbaden 1995

Southall, C. (1996), Systems to Manage Risk; in: Klein, R.A. / Lederman, J. (Ed.): Derivatives Risk and Responsibility, Chicago 1996, Seite 563-591

Staehle, W.H. (1991), Management, 6. Auflage, München 1991

Steiner, M. / Bruns, C. (1994), Wertpapieranalyse, 3. Auflage, Stuttgart 1994

Steuer, J.H. (1988), Währungsoptionen und Devisenterminengagements bei Submissionsexport und Importhandel in US$, Frankfurt am Main 1988

Strauß, C. (1991), Informatik - Sicherheitsmanagement, Stuttgart 1991

Strobl, J. (1989), Zinsänderungsrisiken in Kreditinstituten, Wien 1989

Ströhlein, U. (1996), Risikocontrolling, Vortrag auf dem Bayerntreffen der Eberle-Butschkau-Stiftung am 05. November 1996 in München

Stubbings, R.F. (1995), Informationstechnologie im Bankhandel, Wiesbaden 1995

Süchting (1995), Finanzmanagement, 6. Auflage, Wiesbaden 1995

Terplan, K. (1995), Client/Server Management, Bergheim 1995

Thienen, W.v. (1995), Client/Server, Wiesbaden 1995

Tresch, M. (1996), Middleware: Schlüsseltechnologie zur Entwicklung verteilter Informationssysteme; in: Informatik Spektrum, Band 19, Heft 5, 10/96, 1996, Seite 249-256

Trott zu Solz, C.v. (1991), Informationsmanagement im Rahmen eines ganzheitlichen Konzeptes der Unternehmensführung, Göttingen 1991

Uhlir, H. / Aussenegg, W. (1996), Value-at-Risk - Einführung und Methodenüberblick; in: Österreichisches Bankarchiv 11/96, 1996, Seite 831-836

Uhlir, H. / Steiner, P. (1986), Wertpapieranalyse, 2. Auflage, Heidelberg 1986

Unterharnscheidt, D. (1987), Bonitätsanalyse mittelständischer Unternehmen, Frankfurt am Main 1987

Vetschera, R. (1995), Informationssysteme der Unternehmensführung, Berlin 1995

Viermetz, K.F. (1984), Der Beitrag des Devisenmanagements zur Steuerung des Währungsrisikos in Kreditinstituten; in: Schierenbeck, H. / Wielens H.: Bilanzstrukturmanagement in Kreditinstituten, Frankfurt am Main 1984

Vogel, F. (1992), Beschreibende und schließende Statistik, 7. Auflage, München 1992

Vollmer, K.-H. (1996), Risikomanagement in Banken; in: Zeitschrift für das gesamte Kreditwesen 15/96, 1996, Seite 723-732

Wakeman, L. (1996), Credit Enhancement; in: Alexander, C. (Ed.): The Handbook of Risk Management and Analysis, Chichester 1996, Seite 307-328

Werner, L. (1992), Entscheidungsunterstützungssysteme, Heidelberg 1992

Wertschulte, J.F. (1989), Praktische Umsetzung des Immunisierungskonzepts mittels Duration Management; in: Krümmel, H.-J. / Rudolph, B. (Hrsg.): Finanzintermediation und Risikomanagement, Frankfurt am Main 1989, Seite 102-108

Wild, K.-D. (1992), Der Einsatz von Zinsprognosen bei der Steuerung von Zinsänderungsrisiken; in: Sparkasse 9/92, 1992, Seite 410-413

Wilson, T.C. (1996), Calculating Risk Capital; in: Alexander, C. (Ed.): The Handbook of Risk Management and Analysis, Chichester 1996, Seite 193-232

Wunnicke, D.B. / Wilson, D.R. / Wunnicke, B. (1992), Corporate Financial Risk Management, New York 1992

Zask, E. (1996), The Derivatives Risk-Management Audit; in: Klein, R.A. / Lederman, J. (Ed.): Derivatives Risk and Responsibility, Chicago 1996, Seite 13-24

Zhang, H. / Schwarze, J. (1994), Chancen und Risiken des Einsatzes von Expertensystemen im Wertpapiergeschäft; in: Kirn, S. / Weinhardt, C. (Hrsg.): Künstliche Intelligenz in der Finanzberatung, Wiesbaden 1994, Seite 125-136

Zimmermann, H.G. (1994), Neuronale Netze als Entscheidungskalkül; in: Rehkugler, H. / Zimmermann, H.G. (Hrsg.): Neuronale Netze in der Ökonomie, München 1994, Seite 1-88

ERKLÄRUNG GEMÄß § 22 ABS. 2 DPO

Ich erkläre hiermit gemäß § 22 Abs. 2 DPO, daß ich die vorstehende Diplomarbeit selbständig verfaßt und keine anderen als die angegebenen Quellen und Hilfsmittel benutzt habe.

Bamberg, 20. Januar 1997

Diplomarbeiten Agentur

Die Diplomarbeiten Agentur vermarktet seit 1996 erfolgreich
Wirtschaftsstudien, Diplomarbeiten, Magisterarbeiten, Dissertationen
und andere Studienabschlußarbeiten aller Fachbereiche und Hochschulen.

Seriosität, Professionalität und Exklusivität prägen unsere Leistungen:

- Kostenlose Aufnahme der Arbeiten in unser Lieferprogramm
- Faire Beteiligung an den Verkaufserlösen
- Autorinnen und Autoren können den Verkaufspreis selber festlegen
- Effizientes Marketing über viele Distributionskanäle
- Präsenz im Internet unter **http://www.diplom.de**
- Umfangreiches Angebot von mehreren tausend Arbeiten
- Großer Bekanntheitsgrad durch Fernsehen, Hörfunk und Printmedien

Setzen Sie sich mit uns in Verbindung:

Diplomarbeiten Agentur
Dipl. Kfm. Dipl. Hdl. Björn Bedey –
Dipl. Wi.-Ing. Martin Haschke ––––
und Guido Meyer GbR ––––––––

Hermannstal 119 k –––––––
22119 Hamburg ––––––––

Fon: 040 / 655 99 20 ––––––
Fax: 040 / 655 99 222 ––––––

agentur@diplom.de ––––––––
www.diplom.de ––––––